ADRIANA E. SCHMITT

MAPA DA VIDA

O QUE TODOS DEVERIAM SABER SOBRE FELICIDADE, PAZ INTERIOR E SUCESSO NA VIDA!

Literare Books
INTERNATIONAL
BRASIL · EUROPA · USA · JAPÃO

Presidente do conselho:
Maurício Sita

Presidente:
Alessandra Ksenhuck

Vice-presidentes:
Cláudia Pires e Julyana Rosa

Diretora de projetos:
Gleide Santos

Editores:
Helder Novaes e Regiane Matos

Assistentes editoriais:
Emerson Xavier e Júlia Almeida

Capa:
Ana Paula Nunes Medeiros e Gabriel Uchima

Diagramação:
Gabriel Uchima

Projeto gráfico:
Ana Paula Nunes Medeiros

Revisão:
Giovana Mattoso e Luísa Bérgami

Impressão:
Printi

Dados Internacionais de Catalogação na Publicação (CIP)
(Câmara Brasileira do Livro, SP, Brasil)

Schmitt, Adriana E.
Mapa da vida : o que todos deveriam saber sobre felicidade, paz interior e sucesso na vida! / Adriana E. Schmitt. -- 1. ed. -- São Paulo : Literare Books International, 2025.

ISBN 978-85-9455-369-0

1. Autoajuda 2. Autoconhecimento (Psicologia) 3. Bem-estar 4. Desenvolvimento pessoal 5. Felicidade - Aspectos psicológicos 6. Paz interior 7. Sucesso I. Título.

25-254343 CDD-150.1988

Índices para catálogo sistemático:

1. Felicidade : Bem-estar : Psicologia positiva 150.1988

Aline Graziele Benitez - Bibliotecária - CRB-1/3129

Literare Books International Ltda.
Alameda dos Guatás, 102 – Saúde – São Paulo, SP.
CEP 04053-040
Fone: +55 (0**11) 2659-0968
site: www.literarebooks.com.br
e-mail: literare@literarebooks.com.br

FSC
www.fsc.org
MISTO
Papel | Apoiando o manejo florestal responsável
FSC® C196274

SUMÁRIO

PREFÁCIO

Desde pequena, sempre sonhei em escrever um livro que pudesse impactar e transformar a vida de milhares de pessoas; escrevê-lo tem sido uma jornada sagrada. E, como nas palavras de Lúcia Helena Galvão, "sagrado é tudo aquilo que traz sentido à vida". *Mapa da vida* é, para mim, essa fonte de sentido.

Escrever estas páginas é como dar à luz a um filho: uma obra que traz alegria e propósito à minha existência. É um prazer inenarrável compartilhar com você esta semente de fé, amor e autorrealização.

Minha missão em cada palavra deste livro é impulsionar você a viver plenamente. Deus sonha para você uma vida de liberdade – física, mental e espiritual. Sua essência é ser livre, e *Mapa da vida* é o caminho para essa transformação.

Se você está segurando este livro, é porque é hora de plantar uma semente de luz aí dentro. Essa semente tem o poder de transformar sua visão de mundo, revelando uma nova perspectiva que talvez você nunca tenha considerado. Lembre-se: quanto maior o seu sofrimento, maior o distanciamento do seu verdadeiro eu. Reconhecer isso é um passo essencial nesta jornada de autodescoberta.

Como disse Jung, "só aquilo que somos realmente tem o poder de nos curar".* A vida é um processo contínuo de sair de si mesmo para se reencontrar na profundidade do existir. Vamos juntos explorar este caminho de autodescoberta e transformação? É hora de abraçar o seu verdadeiro eu e viver a vida que você merece.

* JUNG, C. G. O eu e o inconsciente, v. 7/2. Petrópolis: Vozes, 2014.

> ***Só aquilo que somos realmente tem o poder de nos curar.***
> ***Carl Jung***

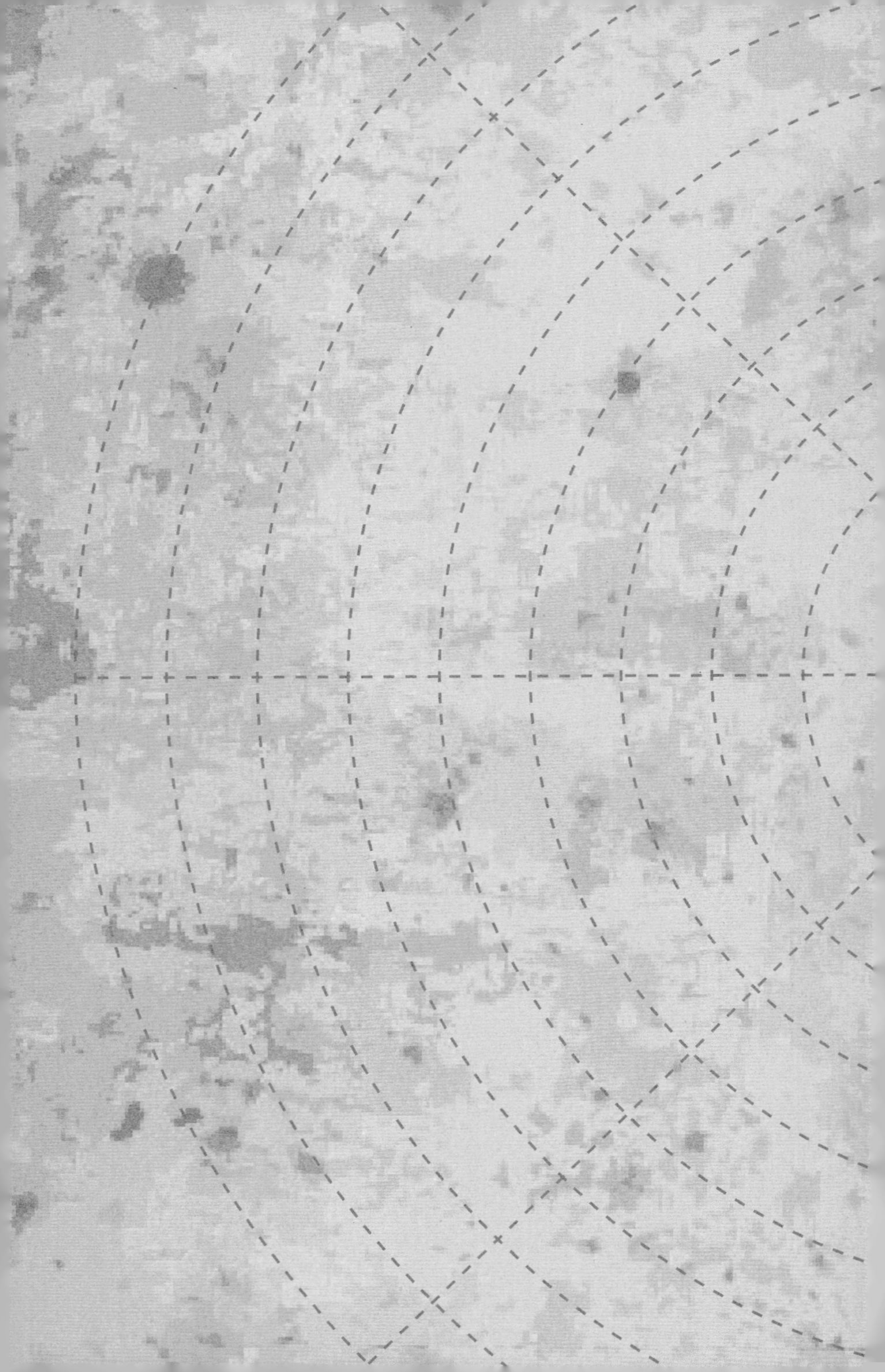

CAPÍTULO 1

O VERDADEIRO POTENCIAL

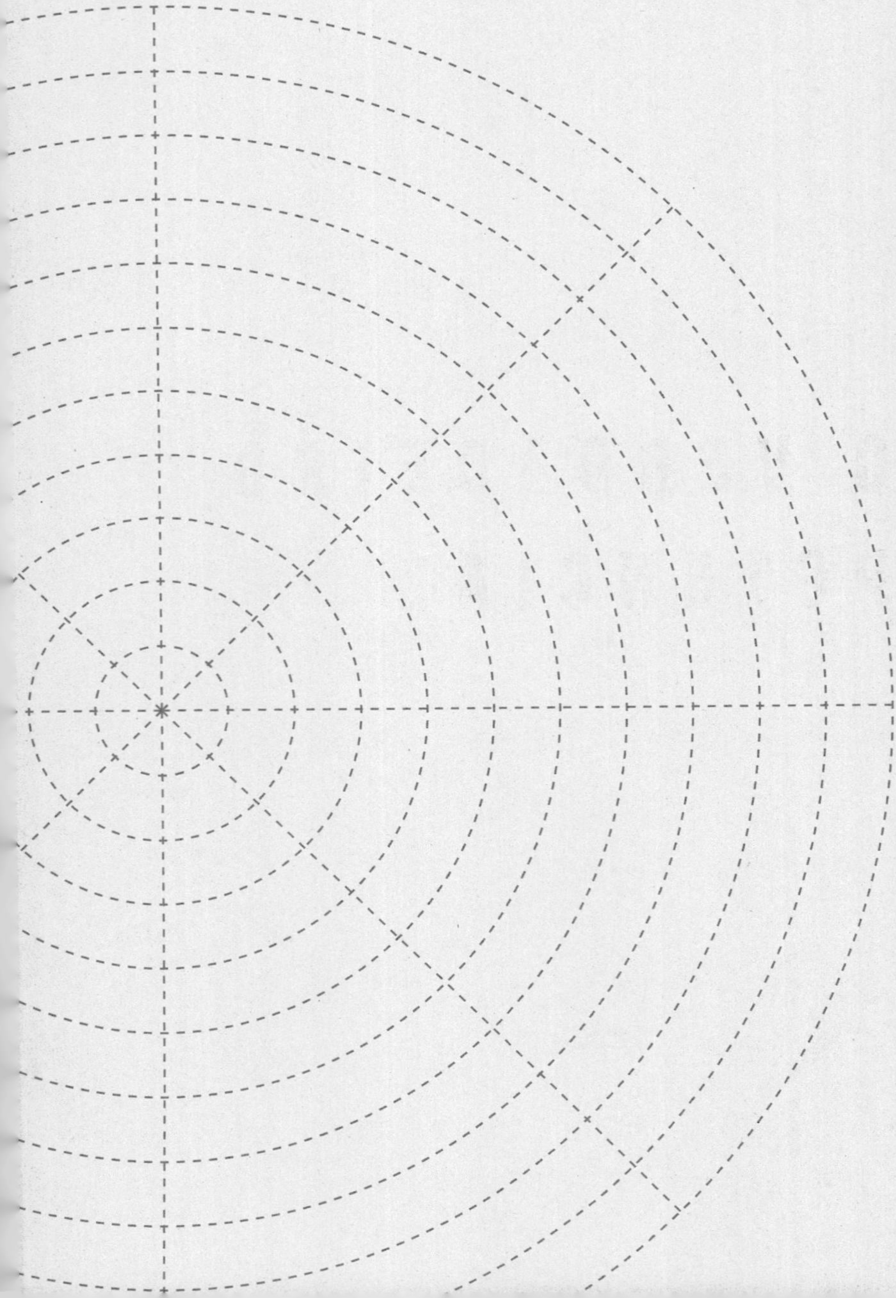

Dentro de uma semente, temos o potencial de uma floresta inteira; dentro de uma pequena semente, temos a potência da flor, da folha e do fruto.

Nas palavras de Jesus, em Mateus 17:20:

> Porque a fé que vocês têm é pequena. Eu asseguro que, se vocês tiverem fé do tamanho de um grão de mostarda, poderão dizer a este monte: 'Vá daqui para lá', e ele irá. Nada será impossível para vocês.

E o que é a fé? "Ora, a fé é a certeza daquilo que esperamos e a prova das coisas que não vemos" (Hebreus 11:1).

Imagine que você é como uma semente, que tem dentro de si uma verdadeira potência.

Quando falamos de potência, estamos nos referindo ao que você pode se tornar. É sobre as infinitas possibilidades que existem dentro de você. O mundo, em sua generosidade, nos presenteia com situações, experiências e pessoas que servem como reflexos desse imenso potencial. Esse poder está escondido dentro de nós, esperando para ser descoberto.

Cada vez que admiramos alguém, ou nos irritamos com um comportamento alheio, estamos, de certa forma, olhando para partes de nós mesmos. Todos carregamos um pouco de cada pessoa com que cruzamos em nosso caminho. À medida que avançamos na jornada do autoconhecimento e da evolução pessoal, começamos a perceber que muitas coisas que antes nos afetavam profundamente já não têm o mesmo poder sobre nós. Aquilo que outrora nos irritava pode se tornar insignificante, quase imperceptível.

Quando olhamos para aqueles comportamentos que antes nos incomodavam, muitas vezes nos pegamos pensando: "Eu já fui assim". E isso está tudo bem. Cada um tem seu tempo, seu processo.

Lembra da parábola da semeadura, ensinada por Jesus? Um homem saiu para semear suas sementes. Algumas caíram à beira do caminho e foram devoradas pelos pássaros. Outras caíram em solo rochoso, onde brotaram rapidamente, mas não conseguiram se manter, pois não tinham raízes profundas. Algumas sementes caíram entre espinhos, que cresceram e as sufocaram. No entanto, uma parte caiu em terra boa e deu frutos abundantes, produzindo trinta, sessenta e até cem vezes mais do que foi plantado. Quem tiver ouvidos, que ouça.

Nesta parábola, temos quatro tipos de sementes:

1. A semente que caiu à beira do caminho.
2. A semente que caiu em solo rochoso.
3. A semente que caiu entre os espinhos.
4. A semente que caiu em terra boa.

Qual dessas sementes é você?

A semente que caiu à beira do caminho representa aquelas pessoas que têm potencial, mas não o desenvolvem. Essas são pessoas que ainda não descobriram o que realmente querem na vida e que, por isso, qualquer caminho parece servir. No livro *Alice no país das maravilhas*, de Lewis Carroll, o Coelho Branco diz a Alice: "Se você não sabe aonde quer ir, qualquer caminho serve". Essa frase destaca a importância de ter um objetivo claro e definido na vida, pois isso orienta nossas escolhas e nos ajuda a trilhar um caminho mais significativo.

A semente que caiu em solo rochoso pode descrever pessoas que, por estarem endurecidas ou presas a hábitos mentais nocivos, têm dificuldade em se adaptar e mudar. Assim como a semente precisa de um solo fértil para germinar e crescer, as pessoas precisam de um ambiente saudável e de uma mentalidade aberta para prosperar.

Essa resistência à mudança pode ser resultado de diversas influências, como experiências passadas, medos ou crenças limitantes.

A semente que cai entre os espinhos representa aquelas pessoas que permitem que todas as coisas negativas e sentimentos ruins abafem todo o seu potencial, trazendo depressão, desânimo e falta de perspectiva na vida. Representa aquelas pessoas que guardam mágoas e acreditam ser vítimas do mundo. Exemplo: Joana vivia reclamando que todas as pessoas abusavam da sua bondade, que sua chefe era ruim, que seu marido era grosso e que suas filhas não a reconheciam como mãe; que ninguém gostava dela e que a vida era uma droga. Joana não sabia o poder da autorresponsabilidade e que as pessoas só fazem conosco aquilo que nós permitimos. Era como a semente que caiu no meio dos espinhos, permitindo que as coisas negativas da vida a sufocassem, deixando-a sem atitude.

Você provavelmente conhece pessoas assim, que se sentem vítimas do mundo, sempre reclamando sobre tudo o que lhes acontece. Essa mentalidade pode se tornar um ciclo vicioso, drenando a energia e o otimismo. Durante minhas palestras, costumo sugerir uma prática poderosa: para cada reclamação, encontre três coisas pelas quais você é grato.

A semente que cai em terra boa representa aquelas pessoas que veem o lado bom da vida, que fazem aquilo que podem com as condições que têm, tentando se desenvolver e tirar de si o seu melhor conforme podem se tornar. São aquelas pessoas que sabem o poder da autorresponsabilidade, que são proativas, que fazem as coisas acontecerem, que são determinadas e que sabem o que querem da vida.

Ao escolher ler este livro, acredito que você é como uma semente que caiu em terra fértil, buscando se nutrir a cada dia com fé e autoconhecimento. Você está comprometido em se tornar a melhor versão de si mesmo, moldando e aprimorando suas imperfeições com determinação. Cada página que você lê é uma oportunidade de crescimento. A cada passo dado, você se aproxima ainda mais do seu potencial pleno.

Quando nascemos, somos uma semente fértil. Não somos tendenciosos, não sabemos o que é o bem ou o mal, o certo e o errado, o dia e a noite.

Quando nascemos, somos essência pura. Por isso, Jesus falou: "Deixem vir a mim as crianças, e não as impeçam; pois o reino dos céus pertence aos que são semelhantes a elas" (Mateus 19:14).

E o que é o reino dos céus, senão um lugar onde todas as coisas são possíveis, onde há todas as possibilidades? Dentro de uma criança, há todas as possibilidades. Por isso, a tarefa incumbida aos pais é tão importante: direcionar seus filhos no desenvolvimento do homem de bem, pois o maior propósito que pode ter o ser humano é literalmente SER HUMANO.

A parábola do filho pródigo, contada por Jesus Cristo e registrada no Evangelho de Lucas, no capítulo 15, versículos 11 a 32, nos traz um entendimento valoroso e de suma importância para o entendimento do reino dos céus.

O trecho conta a história de um pai e seus dois filhos. O filho mais novo pede sua parte da herança ao pai, sai rumo a uma terra distante e gasta todo seu dinheiro em uma vida de excessos. Quando uma grande fome atinge a região, ele se vê necessitado e decide voltar para casa, esperando ser aceito novamente, mesmo como um simples servo.

Quando o filho mais novo volta, ainda longe, seu pai o avista e corre ao seu encontro, demonstrando grande alegria por seu retorno. O pai o recebe de braços abertos, ordena que preparem uma festa em sua honra e celebra sua volta, pois seu filho estava perdido e foi encontrado.

O filho mais velho, por sua vez, fica ressentido com a recepção calorosa dada ao irmão pródigo. Ele não consegue entender por que seu pai está tão feliz, já que foi ele quem permaneceu fiel e trabalhador em casa. O pai então explica que era necessário celebrar, pois seu filho mais novo estava perdido e agora foi reencontrado.

É fundamental que você compreenda o significado profundo da parábola que trago neste livro.

Quando nascemos, estamos na Casa do Pai. Mas o que realmente significa essa Casa do Pai?

É um espaço sagrado, repleto de abundância, onde temos acesso a tudo o que precisamos para explorar e manifestar nossa verdadeira potencialidade para criar a vida que desejamos.

Deepak Chopra, no best-seller *As sete leis espirituais do sucesso*, aborda o conceito da Lei da Potencialidade Pura, referindo-se a esse estado de consciência inata, ilimitada e criativa que reside dentro de cada ser humano. É a ideia de que cada indivíduo possui um potencial infinito para manifestar seus talentos, habilidades e propósito na vida.

E é nesse espaço que chamamos de "essência" que reside a nossa verdadeira natureza. Ao nascermos, somos Essência Pura, potencialidade em sua forma mais genuína, conectados à Casa do Pai. Mais do que isso, somos uma expressão Dele, entrelaçados em uma unidade onde não existem divisões ou dualidades. Na Casa do Pai somos um só, vivendo em harmonia e plenitude, prontos para desabrochar em nosso verdadeiro eu.

Quando falamos acima de dualidades, estamos dizendo que tudo que nos acontece na vida sempre julgaremos se é algo bom ou ruim. São raras as pessoas, a não ser que já tenham evoluído consideravelmente em seu estado de consciência, que julgam os acontecimentos da vida com total aceitação, entendendo que todo acontecimento que aparentemente é ruim traz dentro de si um potencial evolutivo. Entender que este também é um milagre da vida dentro do processo da evolução nos torna protagonistas da nossa história, exercendo um papel fundamental em nossa vida.

> Não é aquilo que acontece conosco que nos determina, e sim como reagimos a isso. (Epicteto)*

Vou trazer outro exemplo para que fique mais claro.

Clarice era uma mulher de 49 anos, muito dedicada ao trabalho. Ela já estava há oito anos trabalhando como cozinheira numa empresa com muito afinco e determinação. Porém, essa empresa passou por uma crise financeira, e Clarice foi demitida. Era a primeira vez que ela havia sido demitida em sua vida, e começou a viver um processo de luto, de muita tristeza, sentindo-se não reconhecida e rejeitada. Essa situação ancorou dentro dela a mesma emoção que sentira quando era criança, quando sua mãe disse que não estava conseguindo sustentar toda a casa sozinha e que a menina deveria ir morar com a tia até as coisas melhorarem. Não vivemos o processo de luto só quando perdemos alguém, mas toda vez que perdemos algo que para nós é importante ou toda vez que temos de morrer para uma antiga verdade e nascer para algo novo. Clarice ainda não havia curado o trauma de infância em rela-

* EPICTETO. Discurso e manual. Petrópolis: Vozes, 1996.

ção ao abandono da mãe, e agora isso estava se repetindo de outra forma. O que será que ela deveria aprender com este fato?

Clarice achou que iria se aposentar nessa empresa e se viu em casa deprimida e não sabendo o que fazer. Ela era uma excelente cozinheira, porém reclamava que nunca tinha tempo para cozinhar para si e para quem amava, porque trabalhava o dia inteiro. Mas agora ela se via em casa e não se reconhecia mais. Na verdade, ela não sabia quem verdadeiramente era; só sabia que era a cozinheira da empresa.

Foi então que ela dobrou os joelhos, fez uma oração, e sabemos que quando fazemos uma oração com fé, ativamos o ponto de Deus. Segundo o médico Denis Birman,* a prática da oração pode aumentar o fluxo sanguíneo no lóbulo pré-frontal, uma área associada à tomada de decisões e à autorreflexão, resultando em um aumento de aproximadamente sete mililitros de sangue nessa região. Essa descoberta sugere que a oração pode ter um impacto significativo na atividade cerebral, promovendo decisões mais assertivas.

Quando Clarice ficou de joelhos e orou, sentiu uma maior clareza mental, experimentou uma sensação de calma e tranquilidade, e teve a ideia

* Birman, D. A oração pode reparar danos do seu cérebro, 4 de outubro de 2023. Instagram: @drdenisbirmanneuro. Disponível em: https://www.instagram.com/drdenisbirmanneuro/reel/Cx_w9GhtoGZ/. Acesso em: 5 mar. 2025.

de montar uma pequena empresa individual onde faria tortas *low carb* para vender nos comércios e empresas próximas à sua casa. E foi o que ela fez: abriu a Clari Low Carb. Para sua surpresa, os pedidos aumentavam a cada dia, e ela teve de contratar ajudantes para conseguir atender toda a demanda. Hoje já faz seis anos desse acontecimento, e Clarice agradece a Deus por aquela demissão. Se não tivesse acontecido, ela não teria uma empresa de sucesso com mais de dez funcionários, distribuindo seus alimentos para diversas cidades vizinhas. Hoje, Clarice se sente feliz e grata a Deus. Junto a isso, ressignificou o "abandono da mãe". Ela entendeu que cada um só faz aquilo que está dentro de si e que, naquele momento e nas circunstâncias em que estavam, foi a melhor decisão que a mãe encontrou, pois queria que a filha estivesse em um lar com plenas condições de moradia e que atendesse suas necessidades básicas. Clarice ressignificou o abandono da mãe, não sente nenhuma mágoa e hoje está quase se formando em nutrição, pois descobriu seu verdadeiro talento.

O verdadeiro talento é aquilo que fazemos com leveza, como se estivéssemos brincando. É aquilo que flui naturalmente, que você poderia ensinar a outros com facilidade, ou até mesmo algo que você faria de coração, sem esperar nada em troca. O verdadeiro talento é a atividade que nos faz perder a noção do tempo, aquele momento mágico em que nos envolvemos tanto que as horas parecem desaparecer. E é essa ausência de tempo que chamamos de eternidade. Nas linhas a seguir, escreva: o que você faz na vida que faz você sentir como se o tempo não passasse?

____

____

____

____

____

____

O exemplo de Clarice nos ensina que toda crise, em sua essência, é uma oportunidade disfarçada, um convite para o crescimento, para a resiliência e para nos reinventarmos como versões mais elevadas de nós mesmos. Ao acolhermos essas lições, damos passos significativos rumo ao nosso verdadeiro potencial.

Voltando à história do filho pródigo, vemos que ele tinha tudo na Casa do Pai, mas acreditou que não era suficiente para sua felicidade. Em busca de algo a mais, partiu em busca do que julgava ser necessário para preencher o vazio existencial que o consumia.

Quando nascemos, somos essa essência por meio da nossa Potencialidade Pura. Temos tudo o que precisamos. No entanto, à medida que crescemos, muitas vezes sem perceber, começamos a nos distanciar dessa essência. Isso acontece quando nos identificamos excessivamente com nossa mente e suas narrativas.

E a nossa mente nos engana, distorcendo a realidade, criando ilusões, gerando pensamentos negativos, influenciando nossas percepções e emoções.

Os padrões de comportamento aprendidos que não refletem quem realmente somos fazem com que haja uma automatização do nosso comportamento, fazendo-nos perder-nos de nós mesmos. É nesse momento que saímos da Casa do Pai, desconectando-nos da nossa essência e deixando de usufruir da Potencialidade Pura.

Vou lhe contar a minha história, que retrata essa desconexão e reconexão com a essência.

Quando eu tinha apenas nove anos, meus pais abriram uma loja, e eu adorava ajudar. Lembro-me de como o balcão era maior do que eu e de como eu precisava ficar na ponta dos pés para dobrar as roupas.

Anos depois, já adulta, decidi abrir minha própria loja. No entanto, ao me deixar levar pelas expectativas do ego, me afastei da minha verdadeira essência. Essa busca por validação externa complicou meu relacionamento com o dinheiro, resultando em dívidas. A vida me enviava sinais claros sobre meu propósito, mas eu estava tão presa à mentalidade de consumo e aparências que não os percebia. O apego ao sucesso e ao status desviou meu foco do que realmente importava.

Certa vez, uma cliente entrou na loja visivelmente abalada. Sentindo a necessidade de ajudar, levei-a para o estoque e comecei a oferecer conselhos e orações. Com o passar do tempo, pude ver que ela começava a se sentir melhor. Naquele momento, minha essência já se manifestava, revelando o que eu realmente vim fazer neste mundo: ajudar pessoas por meio do autoconhecimento.

Tem uma frase que eu amo e que dialoga com toda essa trajetória humana: "Torna-te aquilo que você já é", de Friedrich Nietzsche.* A verdadeira essência de quem somos já está dentro de nós, esperando para ser revelada. Cada um possui um potencial ou essência interior que deve ser reconhecido e vivido.

Na loja que tinha, me esforçava ao máximo, mas na época meu relacionamento com o dinheiro era complicado, o que quase me levou à falência. Vendi o negócio duas vezes, comprando-o de volta, incapaz de aceitar que não conseguia fazê-lo lucrar.

Durante cinco longos anos vivi o pesadelo das dívidas. Sem dinheiro, sem cartão, sem qualquer tipo de crédito. Enquanto isso, me formei em transações imobiliárias, e cada imóvel que vendia era uma tentativa de quitar o que devia. Despedi-me do meu apartamento, do meu carro, porque não conseguia repousar enquanto estivesse devendo um centavo a alguém. Meu pai sempre me ensinou que a honestidade é tudo, e isso estava gravado em meu caráter.

* NIETZSCHE, F. Ecce homo: como alguém se torna aquilo que é. Petrópolis: Vozes, 2022.

Foi então que me permiti escutar minha voz interior e mergulhei nos estudos de parapsicologia. A jornada não foi fácil; eu não tinha nem mesmo os 100 reais da inscrição, um valor que paguei em quatro parcelas. Eu carregava preconceitos, confusa sobre o que a parapsicologia realmente significava. Mas havia algo ali que ressoava profundamente com minha essência. Desde pequena, vivi experiências que não compreendia. Lembro-me de uma noite, aos três anos, quando acordei gritando em um lugar escuro e cheio de sapos. Era a casa de uma tia da minha mãe, num sítio no interior. Eu ouvia a voz de Jesus Cristo dizendo que tinha vindo me buscar. Ele me puxava pelos braços e dizia que era hora de eu ir. Com medo, recusei, e sua resposta fixou-se em minha mente: "Está tudo bem, você pode ficar, desde que cumpra a sua missão".

Para uma criança de três anos, a noção de missão era estranha, incompreensível. Mas aquela experiência me marcou profundamente e, agora adulta, começava a fazer sentido. A vida, com todas as suas reviravoltas, estava me preparando para algo maior. E eu estava pronta para descobrir o que isso significava.

Quando eu tinha cerca de dez anos, estava na sala da minha mãe e senti a presença de Jesus segurando a minha mão. Minha irmã, Jamila, entrou e foi se sentar no sofá, mas eu disse: "Não, não se sente! Jesus está aqui!". Eu falei isso chorando. Até hoje ela conta essa história para muitas pessoas.

Isso fez com que meus sobrinhos muitas vezes falassem: "Tia Adri maluquinha". Mas o que é ser certo ou ser maluco? Qual a diferença entre a loucura e a lucidez? Se, nos tempos atuais, parássemos as pessoas nas ruas e perguntássemos o que é real, talvez elas dissessem que é aquilo que podemos tocar. Se compararmos as concepções de realidade ao longo do tempo, muitos associam a realidade ao tangível, ao que podem ver e tocar. Em contraste, na filosofia grega antiga, especialmente nas ideias de Platão, a realidade era frequentemente ligada ao mundo das ideias e formas eternas, que são imutáveis e não podem ser subtraídas de nós.

Essa diferença destaca a evolução do pensamento humano sobre o que consideramos real. Enquanto hoje valorizamos a experiência sensorial e a materialidade, os filósofos da Grécia buscavam entender a essência das coisas, aquilo que permanece constante além das mudanças do mundo físico.

Nossa percepção da realidade pode ser limitada pela ênfase excessiva na materialidade e na lógica racional. Quando alguém tem experiências que fogem do que é considerado "normal" ou "lúcido", muitas vezes essas experiências são desvalorizadas ou rotuladas como anormais. Isso pode, de fato, restringir a exploração de dimensões mais profundas da existência, que incluem aspectos espirituais e emocionais.

A ideia de que somos uma tríade de corpo, mente e espírito sugere que a experiência humana é multifacetada. O corpo nos conecta ao mundo material, a mente nos aprisiona, pois nos leva aos nossos condicionamentos. A mente, em muitos casos, pode ser vista como uma ferramenta que, embora necessária para a sobrevivência e a adaptação ao mundo material, também pode se tornar uma fonte de limitações e aprisionamento. Nossos padrões de pensamento, crenças e medos muitas vezes moldam nossa percepção da realidade e podem nos manter presos em ciclos de dúvida e insegurança.

Por outro lado, o espírito, que está conectado à "centelha divina", é frequentemente associado a uma dimensão mais elevada da nossa existência. Essa parte de nós é vista como uma fonte de liberdade, criatividade e conexão com algo maior. Quando nos sintonizamos com essa parte, podemos transcender as limitações da mente e acessar uma compreensão mais profunda de nós mesmos e do universo.

Essa dicotomia entre mente e espírito sugere que, para experimentar uma vida mais plena e significativa, é importante encontrar um equilíbrio. Meditações, orações, práticas espirituais como ir à missa, ir ao culto e momentos de introspecção podem ajudar a silenciar a mente e permitir que a essência do espírito se manifeste.

Em Mateus 6:6 está escrito:

> Mas tu, quando orares, entra no teu aposento, e fechando a porta, ora a teu Pai, que está em secreto; e teu Pai, que vê em secreto, te recompensará.

Quando silenciamos nossa mente agitada, começamos a nos despir das falsas ideias criadas por ela, que nos levam a condicionamentos. Com a mente desacelerada, podemos utilizá-la como uma ferramenta para nos conectar com nosso Eu maior. Quando nos identificamos com a mente, acreditando que somos nossos pensamentos, acabamos criando nossa realidade fisiológica, que se manifesta por meio de nossas emoções, resultantes do nosso condicionamento mental.

A busca por essa conexão mais profunda pode nos ajudar a superar os obstáculos que a mente impõe e a viver de acordo com nossa verdadeira natureza, nos levando a experiências transcendentais.

Quando não buscamos experiências por meio do espírito, tendemos a recorrer a subterfúgios como alcoolismo, pornografia e outras práticas que nos proporcionam prazer imediato, desregulando nosso sistema dopaminérgico e nos afastando de nosso verdadeiro ser.

O autoconhecimento, a parapsicologia e a psicologia analítica me fizeram ver o mundo de uma nova forma. Imagine que você está tomando banho e o espelho fica embaçado com o vapor. Ao sair do chuveiro, não consegue se ver claramente. Mas, ao abrir a porta e passar um pano no espelho, a imagem se torna nítida. Vejo o autoconhecimento como esse pano, que remove o vapor e nos permite enxergar quem realmente somos.

Nos tornamos reféns de tudo aquilo que desconhecemos. Estudar a nossa mente é um desafio gigantesco pois somos condicionados a ela a partir do momento que não entendemos como ela funciona. Deus quer nos ver livres; livres mentalmente, espiritualmente e emocionalmente! Mas talvez seja mais fácil sermos condicionados do que saber lidar com a liberdade!

Jonathan era um homem de 39 anos, muito pragmático e sistemático. Tinha hora para acordar, para dormir, e tudo na sua vida era planejado. Porém, tinha o sonho de ter liberdade de horário e ter seu próprio negócio, poder trabalhar de qualquer lugar do mundo e não ter nenhum chefe para responder às ordens. Ele abriu uma empresa e podia ter seu horário livre, mas, como não tinha que obedecer a ordens de ninguém, não tinha nenhum horário a cumprir, sentia-se perdido e não conseguia mais se organizar no tempo. Começou a procrastinar todas as coisas e tomou a decisão de voltar a ser um empregado, pois lá ele era obrigado a seguir as ordens do patrão, tinha horários a cumprir, e ao mesmo tempo se sentia mais seguro.

A maior dificuldade do ser humano é ser líder de si. Quando você tem uma reunião com um cliente, chega no horário certo, mas quando marca um compromisso consigo mesmo, como, por exemplo, ir à academia, você não vai porque não respeita a si mesmo. Se não consegue ser fiel a si, não estará pronto para lidar com coisas maiores, e nem para

“

Nos tornamos reféns de tudo aquilo que desconhecemos.

”

administrar todas as coisas que Deus tem reservado para você. Se não sabemos lidar com 100 ou 1.000 reais, jamais conseguiríamos saber lidar com um milhão de reais. Deus só nos dá aquilo que sabemos administrar. E, sim, isso é um puxão de orelha!

"A importância da fidelidade nas pequenas coisas como um reflexo da fidelidade nas grandes" parafraseia o que está escrito em Lucas 16:10, que diz: "Quem é fiel no pouco, também é fiel no muito; e quem é injusto no pouco, também é injusto no muito".

Um dos dias mais felizes da minha vida foi o da minha formatura. Era como se eu estivesse me libertando de mim mesma, porque é sabido que o nosso maior inimigo e o nosso melhor amigo estão dentro de nós.

Depois iniciei a pós-graduação em psicologia analítica, muito similar à parapsicologia, e foram mais três anos de muito estudo e conexão com a alma.

"Quando estiver diante de uma alma humana, seja outra alma humana". Essa poderosa frase atribuída a Carl Gustav Jung ecoou em minha jornada de quase uma década de atendimentos clínicos e se tornou a essência do que sou.

Certa vez, durante uma sessão no meu consultório, uma paciente me disse, com um brilho nos olhos: "Doutora, depois que comecei a terapia, meu marido mudou". Sorri para ela e, com um olhar reflexivo, respondi: "Será mesmo que ele mudou? Ou será que você foi quem realmente se transformou?".

Essa pergunta simples, mas poderosa, nos leva a compreender que a verdadeira mudança começa dentro de nós. Ao explorarmos nossos medos, inseguranças e padrões de comportamento, não apenas nos tornamos mais conscientes de quem somos, mas também influenciamos as pessoas ao nosso redor. Quando nos transformamos, o reflexo dessa transformação se manifesta nas nossas relações, nas nossas interações e na maneira como percebemos o mundo.

Portanto, ao embarcarmos nessa jornada de autoconhecimento, lembre-se: quando cultiva suas raízes, você não apenas floresce, mas também inspira aqueles que estão ao seu redor a fazer o mesmo. Imagine um iceberg: a ponta visível, que emerge acima da superfície do mar, representa apenas 5% do que realmente conhecemos sobre nós mesmos, o nosso consciente. É a fração que podemos ver e entender, mas que, de fato, esconde uma vastidão submersa. Os 95% restantes, que permanecem ocultos nas profundezas, simbolizam nosso subconsciente, repleto de emoções, experiências e padrões que moldam nossas vidas, mas que raramente acessamos.

A verdadeira descoberta de nós mesmos está em reconhecer que, assim como um iceberg, somos muito mais do que aparentamos. E ao nutrirmos nosso interior, podemos finalmente alcançar o potencial que sempre esteve esperando para ser revelado.

Tem outra frase, do pai da psicologia analítica, Carl Gustav Jung, que diz assim: "O que te irrita nos outros é o que você precisa trabalhar em você mesmo".* Essa citação reflete a ideia de que as reações que temos em relação às pessoas e situações externas podem ser um indicativo de questões internas que precisamos abordar. Quando entendemos isso, tudo muda. O mundo que você vê fora é um reflexo daquilo que está dentro de você. Quando você muda seu mundo interno, tudo muda ao teu redor.

Eu lembro que, no momento em que decidi estudar parapsicologia, meu pai olhou para mim e disse a seguinte frase: "Minha filha, você não sabe o que quer da vida". Isso me deixou muito triste, porque era como se eu tivesse decepcionando o meu pai, mas ao mesmo tempo eu estava seguindo o meu coração. Após cinco anos, ele olhou para mim novamente e disse: "Minha filha, foi a melhor escolha da sua vida". Quando seguimos nossa essência, quando ouvimos a voz interior que nos fala, nos encontramos verdadeiramente. Isso é o que chamamos de autorrealização, o retorno para a Casa do Pai.

Quantas vezes não ouvimos a nossa voz interior e nos distanciamos consideravelmente da nossa essência, pagando um preço muito caro por esse distanciamento. Quanto maior for o distanciamento da sua essência, maior será o seu sofrimento.

---

* JUNG. C. G. Memórias, sonhos, reflexões. Rio de Janeiro: Nova Fronteira, 1986.

Certa vez, durante uma consultoria em uma empresa, o diretor me olhou nos olhos e disse: "Eu daria todo o dinheiro que tenho para ter a sua paz". Aquela declaração ressoou profundamente em mim, revelando uma verdade universal: a paz interior é um tesouro inestimável.

De maneira alguma estou afirmando que o dinheiro é algo ruim, muito pelo contrário. Costumo dizer, com convicção, que quanto mais dinheiro eu tiver, mais vidas poderei tocar e ajudar. Durante muito tempo, carreguei a crença limitante de que o dinheiro era sinônimo de maldade. Desde a infância, quando ia à igreja com meus pais, ouvia o padre repetir uma frase bíblica: "É mais fácil um camelo passar pelo buraco da agulha do que um rico entrar no céu". Naquele momento, não compreendia o verdadeiro significado dessas palavras e, inconscientemente, assimilava a ideia de que o dinheiro era algo a ser evitado.

Foi somente quando desmistifiquei essa crença que percebi a verdade: o dinheiro é uma consequência de um estado interior chamado abundância. Nossa mente, muitas vezes presa à psicologia negativa, tende a focar no que falta. Esquecemos de agradecer as pequenas coisas, o calor da água quentinha no banho, a roupa que nos veste, e as pessoas amadas que nos cercam. E, enquanto nos comparamos com os outros, sempre vamos encontrar alguém que parece ter mais ou menos do que nós.

É necessário entender que a verdadeira prosperidade começa dentro de nós. Ao cultivar um coração grato, você não só atrai riquezas materiais, mas também a paz que todos nós almejamos. Portanto, lembre-se: a abundância é um estado de espírito, e a sua jornada para alcançá-la começa agora. Você pode escolher viver a sua vida sob a perspectiva da escassez ou da abundância. Vamos explorar isso com um exemplo claro: imagine que você está em um relacionamento e, ao olhar para a pessoa ao seu lado, só consegue enxergar os defeitos dela. Nesse momento, você está sintonizado com a frequência da escassez, focando no que falta.

Agora, considere a mesma pessoa, mas desta vez você decide observar suas qualidades. Nesse contexto, você começa a vibrar na frequência da abundância, reconhecendo e valorizando o que essa pessoa traz para a sua vida.

Esse princípio se aplica a todas as áreas da sua vida. Ao olhar para sua casa, você pode se concentrar naquilo que não tem ou faz falta, ou, em vez disso, apreciar tudo o que já possui, mesmo que pareça pouco. O mesmo se aplica ao seu corpo: você pode encarar seu reflexo no espelho e notar apenas os defeitos ou, por outro lado, escolher ver as inúmeras qualidades que você possui.

Quando vivemos focados no que nos falta, estamos conectados à escassez que permeia o universo. Mas, ao praticar a gratidão e valorizar o que temos, mesmo que seja simples, elevamos nossa vibração para a abundância. A escolha está em suas mãos. Depois de cinco longos anos de luta e recomeço e com a ajuda da minha família, eu finalmente estava sentada no meu novo apartamento, e, com o coração cheio de gratidão, abri a Bíblia que havia recebido aos 14 anos, em um retiro espiritual. Eu nunca poderia imaginar o impacto que aquelas páginas teriam em minha vida.

> Disse-lhe o senhor: Muito bem, servo bom e fiel; foste fiel no pouco, sobre o muito te colocarei; entra no gozo do teu senhor (Mateus 25:21).

Nesse instante, as lágrimas escorriam pelo meu rosto, não apenas por dor, mas por um profundo sentimento de gratidão. Nunca culpei ninguém – nem mesmo a Deus – pelas dificuldades que enfrentei. Eu sabia que havia criado aquela situação, a vergonha que antes me paralisava agora se transformara em força, uma força que nasce da cura.

Um ciclo se encerrava e, com ele, uma nova vida se iniciava. Deus nunca nos abandona, por mais desafiadora que seja a jornada. Você nunca está sozinho; sua maior fraqueza pode um dia se tornar sua maior fortaleza.

Ao falarmos sobre Deus, é fundamental compreender a profundidade dessa relação, especialmente no contexto do autoconhecimento. Esta pode ser a chave que transforma sua vida de maneira radical.

Quando escrevemos "Deus", podemos compreender de uma maneira que revela uma verdade essencial: D(eu)s. Essa sutil mudança de perspectiva nos lembra que estamos contidos Nele, assim como Ele habita em nós.

Em Gênesis 1:26-27, encontramos uma declaração poderosa:

> E disse Deus: Façamos o homem à nossa imagem, conforme a nossa semelhança; domine ele sobre os peixes do mar, sobre as aves dos céus, sobre os animais domésticos, e sobre toda a terra, e sobre todo réptil que se arrasta sobre a terra. E criou Deus o homem à sua imagem; à imagem de Deus o criou; homem e mulher os criou.

Se somos feitos à imagem e semelhança de Deus, e se um de Seus atributos mais fundamentais é ser Criador, então nós podemos criar coisas tão grandes quanto Ele.

A verdadeira transformação ocorre quando percebemos que Deus não é uma entidade distante, mas uma presença viva dentro de nós. Nesse entendimento, não existe a opção de não acreditar em D(eu)s. Porque ele não está fora e sim dentro de

“

A verdadeira transformação ocorre quando percebemos que Deus não é uma entidade distante, mas uma presença viva dentro de nós.

”

nós. Toda vez que nos afastamos do nosso verdadeiro eu, nos distanciamos Dele. Porque Ele está em nós, e nós estamos Nele.

Quando reconhecemos que esse poder criador reside em nosso interior, começamos a vislumbrar a potencialidade pura. É a força que nos permite explorar todas as possibilidades do mundo e, assim, moldar a nossa realidade.

Este é o convite que faço a você: abra-se para a divina conexão que existe entre você e Deus. Desperte para o potencial que já está dentro de você e comece a criar a vida que sempre sonhou. A jornada do autoconhecimento não é apenas uma busca por si mesmo; é uma redescoberta do divino que habita em cada um de nós.

Certa vez, durante uma missa, enquanto orava de joelhos, fiz um pedido a Deus que, confesso, hoje me faz sentir um misto de vergonha e de gratidão. Com o coração aberto, disse: "Deus, se Tu me amas, gostaria de comungar a hóstia repartida no altar". Porém, depois, no decorrer da missa, eu realmente não lembrava mais que eu havia feito esse pedido a Deus.

Quando chegou minha vez na fila da comunhão, após várias pessoas, o padre, surpreendentemente, pegou exatamente a hóstia que havia sido repartida no altar. Uma lágrima escorreu pelo meu rosto, uma mistura de emoção e gratidão. Mas a história não terminava ali.

Nas duas missas seguintes, sem pensar no que havia pedido, voltei a me esquecer da minha oração. E, mais uma vez, ao chegar minha vez, o padre me entregou a hóstia repartida. Isso se repetiu três vezes. No caminho do autoconhecimento, o número três é um símbolo de confirmação: a Trindade divina – Pai, Filho e Espírito Santo – ou a tríade essencial de corpo, mente e espírito.

Quando acreditamos que já conhecemos Deus o suficiente, Ele sempre encontra uma maneira de nos surpreender. Essas experiências me ensinaram que a entrega e a humildade são as chaves para recebermos o que realmente precisamos. A vida, assim como a fé, está repleta de surpresas que nos convidam a um profundo autoconhecimento e a um relacionamento mais íntimo com o divino.

Você já teve uma experiência com Deus que transformou sua visão sobre a vida? Aquelas revelações que nos fazem perceber que a existência é muito mais do que simplesmente acordar, trabalhar, comprar coisas ou passar tempo com a família? Quando vivenciamos um encontro verdadeiro com o divino, tudo muda.

Essas experiências nos conectam com algo profundo e essencial. Elas nos fazem sentir parte de um todo, de uma rede de amor e de conexão que transcende o entendimento humano. E, ao nos depararmos com essa verdade, encontramos um novo senso de direção e significado, uma motivação renovada para viver plenamente.

Como já mencionado anteriormente, tem uma frase de Carl Gustav Jung que pode ser parafraseada da seguinte forma: "Tudo o que nos irrita nos outros pode nos levar a uma compreensão de nós mesmos".* Essa ideia sugere que as características que nos incomodam nos outros podem refletir aspectos não resolvidos ou negados em nós mesmos, sendo uma oportunidade para crescimento pessoal e autoconhecimento.

Somos luz e sombra

A afirmação "somos luz e sombra" encapsula a complexidade da natureza humana. Em cada um de nós, existem aspectos brilhantes – nossos sonhos, esperanças e virtudes – que iluminam nosso caminho e inspiram aqueles ao nosso redor. Essas são as qualidades que nos conectam e nos fazem sentir vivos, vibrantes e cheios de potencial.

Por outro lado, também carregamos nossas sombras – as inseguranças, medos e traumas que muitas vezes preferimos ignorar. Essas partes de nós podem ser desconfortáveis, mas são igualmente essenciais. Elas nos ensinam sobre empatia, resiliência e a verdadeira essência da vida.

Reconhecer que somos tanto luz quanto sombra é um convite à aceitação. Não se trata de escolher uma parte em detrimento da outra, mas de abraçar a totalidade do que somos. É na interação

* JUNG. C. G. Memórias, sonhos, reflexões. Rio de Janeiro: Nova Fronteira, 1986.

entre essas dualidades que encontramos nosso verdadeiro eu, permitindo-nos crescer e evoluir.

Quando somos crianças, vivemos em um mundo de pura potencialidade, onde a essência da nossa natureza ainda não foi moldada pelas noções de certo e errado. À medida que crescemos, começamos a construir tanto nossa luz quanto nossa sombra, influenciados pelas experiências que vivemos.

Vamos considerar um exemplo que ilustra bem essa transformação. Imagine uma criança de quatro anos, feliz, brincando com seu carrinho no quintal. De repente, seu irmãozinho mais novo aparece e lhe rouba o brinquedo. A criança mais velha, tomada pela frustração, começa a chorar e se recusa a entregar o carrinho. Nesse momento, a mãe intervém, dando um tapa na mão do menino e dizendo: "Que coisa feia, meu filho! Empreste o carrinho para seu irmãozinho".

Nesse instante, a criança cede e entrega o carrinho, mas, na verdade, o que ela realmente queria era mantê-lo. Esta é a primeira fissura em sua psique, onde a compreensão do certo e do errado começa a se formar. O ato de não compartilhar, que chamamos de egoísmo, é empurrado para sua sombra.

Em nossa sombra reside tudo aquilo que nos foi ensinado a reprimir, o que consideramos feio, errado, e também todos os talentos adormecidos que ainda não despertamos.

Conforme essa criança cresce, ao se deparar com alguém que exibe comportamentos egoístas, sentirá um desagrado profundo. Isso acontece porque o egoísmo, reprimido em sua sombra, provoca uma reação visceral. Ele aprendeu que não pode ser egoísta e, assim, cada pessoa que encarna essa qualidade se torna um reflexo do que ele rejeita em si mesmo.

Essa dinâmica é uma das chaves para entender nossos julgamentos e aversões. Muitas das coisas que condenamos nos outros são, na verdade, sombras de nós mesmos. Ao explorarmos essa relação, começamos a desvendar as camadas de nossa própria identidade, permitindo que a luz e a sombra coexistam em harmonia. Essa jornada de autoconhecimento é o que nos transforma e nos liberta, levando-nos a uma vida mais autêntica e plena.

Esse é um tema complexo e, às vezes, difícil de ser compreendido. Para ilustrar melhor, vamos considerar a história de Cristina.

Cristina era uma mulher deslumbrante, mas sua vida era um verdadeiro caos. Em contraste, seu irmão era o oposto: metódico, detalhista e organizado. Cada vez que Cristina expressava uma simples observação, como: "O arroz está R$3,30 no mercado X", seu irmão não hesitava em corrigi-la: "Na verdade, foi R$3,34".

O comportamento meticuloso do irmão a irritava profundamente. Cada correção parecia uma crítica à sua própria desorganização, e essa tensão se tornava um ponto de discórdia constante entre eles. No entanto, tudo mudou quando Cristina decidiu trabalhar na sua própria organização. Ao buscar um equilíbrio em sua vida, algo extraordinário aconteceu: a irritação que antes sentia em relação ao irmão começou a dissipar-se.

Quando ela começou a abraçar a organização, percebeu que a fonte de sua frustração não era apenas o comportamento do irmão, mas a própria resistência a lidar com sua desordem interna. A transformação que Cristina vivenciou não só aliviou a tensão entre eles, mas também a libertou de um fardo emocional.

Esse exemplo nos mostra como, ao confrontar nossas próprias sombras, podemos mudar a forma como percebemos os outros. Ao trabalhar em nós mesmos, abrimos caminho para uma compreensão mais profunda e uma aceitação que, de outra forma, pareceria inalcançável. A jornada de Cristina é um lembrete de que, muitas vezes, o que nos irrita nos outros é um reflexo do que precisamos olhar dentro de nós mesmos.

Gostaria de convidar você a realizar um exercício transformador, que pode trazer uma nova clareza para sua vida. Pegue uma folha de papel e escreva tudo aquilo que, nas pessoas, causam irritação em você. Ao lado de cada item, reflita e anote como essa característica se manifesta na sua própria vida.

Por exemplo, se você se irrita com uma amiga que usa roupas decotadas, pergunte a si: como seria para você usar uma roupa assim? Que sentimentos isso desperta em você? Essa introspecção é uma poderosa ferramenta para compreender que as irritações que sentimos nos outros podem revelar muito sobre nós mesmos.

Agora, na parte de trás da folha, faça uma lista de tudo que você admira nas pessoas ao seu redor. O que você valoriza? Quais qualidades inspiram você? Essa prática não apenas ilumina suas aspirações, mas também mostra que tudo aquilo que admiramos nos outros pode ser um potencial adormecido dentro de nós.

Por exemplo, se você admira alguém que se expressa com eloquência, isso pode indicar que dentro de você existe a mesma capacidade, esperando para ser desenvolvida. Lembre-se: o corpo e a mente aprendem por repetição. Assim como você aprendeu a andar, a falar, a viver, é possível cultivar essas qualidades em sua vida.

Este exercício não é apenas uma reflexão, é um convite à ação. Ao transformar suas irritações e suas admirações em autoconhecimento, você abre espaço para o crescimento pessoal. A jornada para se tornar a melhor versão de si mesmo começa com a coragem de olhar para dentro e reconhecer o que realmente importa. Então, pegue sua caneta e comece essa jornada de descoberta.

O corpo aprende por repetição. Lembre-se de como você aprendeu a caminhar na infância: caía e levantava, caía e levantava, até que, finalmente, deu seus primeiros passinhos. Esse momento foi repleto de alegria e celebração para todos à sua volta.

Foi dessa mesma forma que você aprendeu a falar, a ler e a escrever. Cada nova habilidade se desdobrou por meio da prática contínua, do esforço e da persistência. Cada erro e cada queda eram apenas uma parte do processo, um passo necessário em direção ao domínio.

Essa jornada de aprendizado não se limita à infância. Ao longo da vida, continuamos a aprender e a crescer, moldados pelas experiências que vivemos. E assim como naqueles primeiros passos, cada desafio enfrentado e cada repetição nos aproxima um pouco mais de nossos objetivos. O segredo está em lembrar que cada queda é uma oportunidade de se levantar e tentar novamente, sempre em direção ao nosso potencial máximo.

Lembro que, quando eu era criança, tinha uns sete anos e estava na primeira série, eu ficava imaginando com meus botões... A professora teria de ensinar todas as palavras do mundo para a gente ler e escrever, então eu ficava pensando: como ela vai ensinar os palavrões? Meu Deus, é muito feio... como ela ensinará os palavrões? Eu não tinha a mínima ideia de que as letras se juntavam e formavam palavras; eu acreditava que as palavras teriam de ser ensinadas inteiras. Você lembra de como aprendeu a escrever?

Tudo aquilo que aprendemos na vida é por repetição; assim também se formam as crenças limitantes. Crenças limitantes são convicções ou pensamentos que uma pessoa tem sobre si mesma, suas capacidades ou o mundo, que a impedem de alcançar seu pleno potencial. Essas crenças muitas vezes são baseadas em experiências passadas, influências externas ou interpretações negativas de eventos. Elas podem se manifestar por meio da autocrítica, como a crença de que não se é bom o suficiente ou ter uma falsa percepção de seu valor, acreditando que não merece sucesso, amor ou felicidade.

Outra crença limitante são as limitações autoimpostas, como pensar que não se pode fazer algo simplesmente porque se acredita que não é capaz. Eventos negativos ou traumáticos podem levar uma pessoa a formar crenças sobre si mesma ou sobre o mundo. Por exemplo, uma criança que recebe críticas constantes pode acreditar que não é capaz. Eu me lembro que quando tinha uns dez anos, havia uma frase que meu pai repetia diversas vezes: "Você é uma planta que nasceu na sombra". Eu era uma menina muito doente e magricela, e tinha a crença limitante de que eu era fraca e que não podia fazer nada que exigisse muita força. Na escola, não me deixavam jogar vôlei, e eu sofria bullying por ser muito magrinha. As meninas da sala diziam: "A Adri não, ela é muito fraca". Isso me deixava muito triste.

Eu me lembro que, em vez de revidar ou me posicionar, eu me encolhia e chorava por dentro.

Pasmem, fazia algo que nem consigo imaginar que uma criança de dez anos faria: orava por todas as meninas que me rejeitavam, para que Deus tocasse o coração delas, e isso durou anos.

Eles me rejeitavam porque eu era magrela, alta e tinha o cabelo esquisito. Minha mãe era cabeleireira e cortava o meu cabelo pigmaleão, que era a moda do momento, estilo Chitãozinho e Xororó. Na escola, começaram a me dar valor só quando ganhei dos meus pais um tênis Marathon, da Adidas. Eu era a única da escola que tinha esse tênis, e isso foi depois que meus pais abriram uma loja. Até então, eu não tinha dinheiro para comprar lanche e levava para escola um saco de arroz com pão caseiro e sardinha frita. Era uma delícia, mas eu tinha de comer escondido atrás da secretaria, porque todos pegavam no meu pé e tiravam sarro de mim.

A vida era difícil sem muitos recursos. Depois as coisas foram mudando, e eu, mesmo pequena, com uns 12 anos, vendia cremes de cabelo e ganhava um real por produto. Assim, tinha um dinheirinho para comprar lanche no colégio.

Ouvi aquela frase por diversas vezes na minha infância, e depois de adulta ainda ressoava dentro de mim, dando origem à crença limitante de que eu não era capaz: "Você é uma planta que nasceu na sombra". Essa voz foi ressignificada certo dia em que estava com uma amiga tomando café em minha casa, eu tinha aproximadamente 35 anos. Ela disse: "Adri, tá vendo aquela orquídea lá na mesa da sacada? Ela não está no sol, está na sombra, e nem por isso está feia e doente. Ela está linda! A sombra não é um lugar ruim; a sombra é fresca e, ao mesmo tempo em que ela está na sombra, ela ainda recebe os raios de sol". Naquele momento, uma chave virou dentro de mim, e comecei a entender que a sombra não é tão ruim assim. Foi aí que as coisas começaram a mudar para mim; nesse instante ressignifiquei uma crença limitante que havia alimentado por anos uma falsa ideia a respeito da minha potencialidade.

Quais são as frases que você ouviu a sua vida inteira e que hoje são vozes que permeiam sua mente, fazendo com que você não usufrua de todo o seu potencial humano? Quais são as vozes que ressoam na sua mente e que não permitem que você seja quem você verdadeiramente é?

Vou deixar um espaço aqui para que você possa fazer um exercício de introspecção. Imagine uma linha do tempo desde que você se lembra: o que você ouviu falar sobre você? Ou o que você ouviu falar sobre o dinheiro? São frases que ouvia seus pais falarem?

Escreva aqui:

____

____

____

____

____

Depois de escrever essas frases, faça uma conexão com a sua vida hoje. Você tem algum comportamento que não consegue mudar e que está pautado numa crença limitante que foi alimentada ao longo da sua vida?

Os valores e crenças dos pais e familiares têm um grande impacto. Se uma criança cresce em um ambiente onde o fracasso é muito temido, pode desenvolver a crença de que não deve arriscar nada.

A sociedade e a cultura também moldam nossas crenças. Normas e expectativas sociais podem criar limitações sobre o que é considerado aceitável ou possível.

Comparar-se constantemente com os outros pode levar a sentimentos de inadequação, resultando em crenças limitantes sobre seu próprio valor ou suas habilidades.

Para superar crenças limitantes, é importante identificá-las, questionar sua validade e substituí-las por crenças mais positivas e capacitadoras. Isso pode envolver terapia, autorreflexão e práticas de desenvolvimento pessoal.

Vamos fazer isso na prática, certo?

Lembra das frases que você escreveu anteriormente, que alimentam as suas crenças limitantes?

Escreva agora frases contrárias a essas, das quais podemos chamar de afirmações positivas:

Vou trazer um exemplo para que fique mais claro. Quando eu era criança ouvia as frases:

- "Dinheiro não dá em árvore".
- "Tem que suar para ganhar dinheiro".

Você pode substituir essas frases pelas afirmações:

- "Ganho dinheiro com facilidade".
- "Todo dinheiro que chega até mim é multiplicado".

Faça esse exercício com todas as suas crenças limitantes.

Existe a crença limitante que diz assim:

- "Homem é tudo igual, só muda de endereço".

Você pode substituir essa crença por:

- "O homem único e certo para mim está vindo ao meu encontro".

Essas crenças que falamos podem afetar nossas decisões, comportamentos e a forma como lidamos com desafios, muitas vezes levando uma vida menos satisfatória e com oportunidades perdidas. Superar crenças limitantes envolve refletir sobre elas, questionar sua validade e substituir pensamentos negativos por crenças mais empoderadoras.

Sempre que vier um pensamento ou uma ideia fixa a respeito de algo, se questione perguntando: "Isso realmente é verdadeiro?". Esse autoquestionamento trará uma amplitude de consciência, fazendo com que você seja o observador de si.

Convido você a olhar para dentro e perceber o quanto tem deixado sua verdadeira essência se manifestar em sua vida. Você está vivendo de forma autêntica ou se sente preso à necessidade inconsciente de ser reconhecido e notado? Muitas vezes, sua essência pode estar sufocada, e isso se manifesta em sintomas físicos e emocionais. Quando um sintoma aparece no seu corpo, é um sinal de que sua alma está clamando por atenção. Esses sinais não podem ser ignorados; eles precisam ser ouvidos e compreendidos.

É hora de escutar essa voz interna que anseia por liberdade e autenticidade. Liberte-se das amarras que o prendem e permita que sua essência brilhe. A transformação começa quando você escolhe viver de acordo com quem realmente é, e não apenas de acordo com as expectativas externas. A verdadeira cura e realização vêm de dentro quando você abraça sua essência e deixa que ela guie sua vida.

"Quando um sintoma aparece no seu corpo, é um sinal de que sua alma está clamando por atenção."

Ao chegarmos ao final deste capítulo, é essencial que você compreenda uma verdade fundamental: a sua potencialidade pura – aquilo que você realmente é – já reside dentro de você. Desde o momento em que nasceu, essa essência brilha, mas ao longo do tempo você se distanciou dela. Isso ocorreu quando se identificou com sua mente, com os medos, as inseguranças e as vozes internas que insistem em minar sua autoconfiança.

A verdade está dentro de você

O que está em jogo é a capacidade de ver essa verdade. Sua mente, muitas vezes, serve como uma barreira, obscurecendo a visão de quem você realmente é.

Portanto, a jornada que você deve empreender é a de desconectar-se desse eu falso, essa construção da mente que limita você. O verdadeiro você está esperando para ser descoberto. Este livro é um guia para esse encontro mágico e transformador. Ele oferecerá para você as ferramentas necessárias para redescobrir sua essência, permitindo que você abrace sua verdadeira potencialidade. Prepare-se para uma transformação profunda, pois a jornada está prestes a começar.

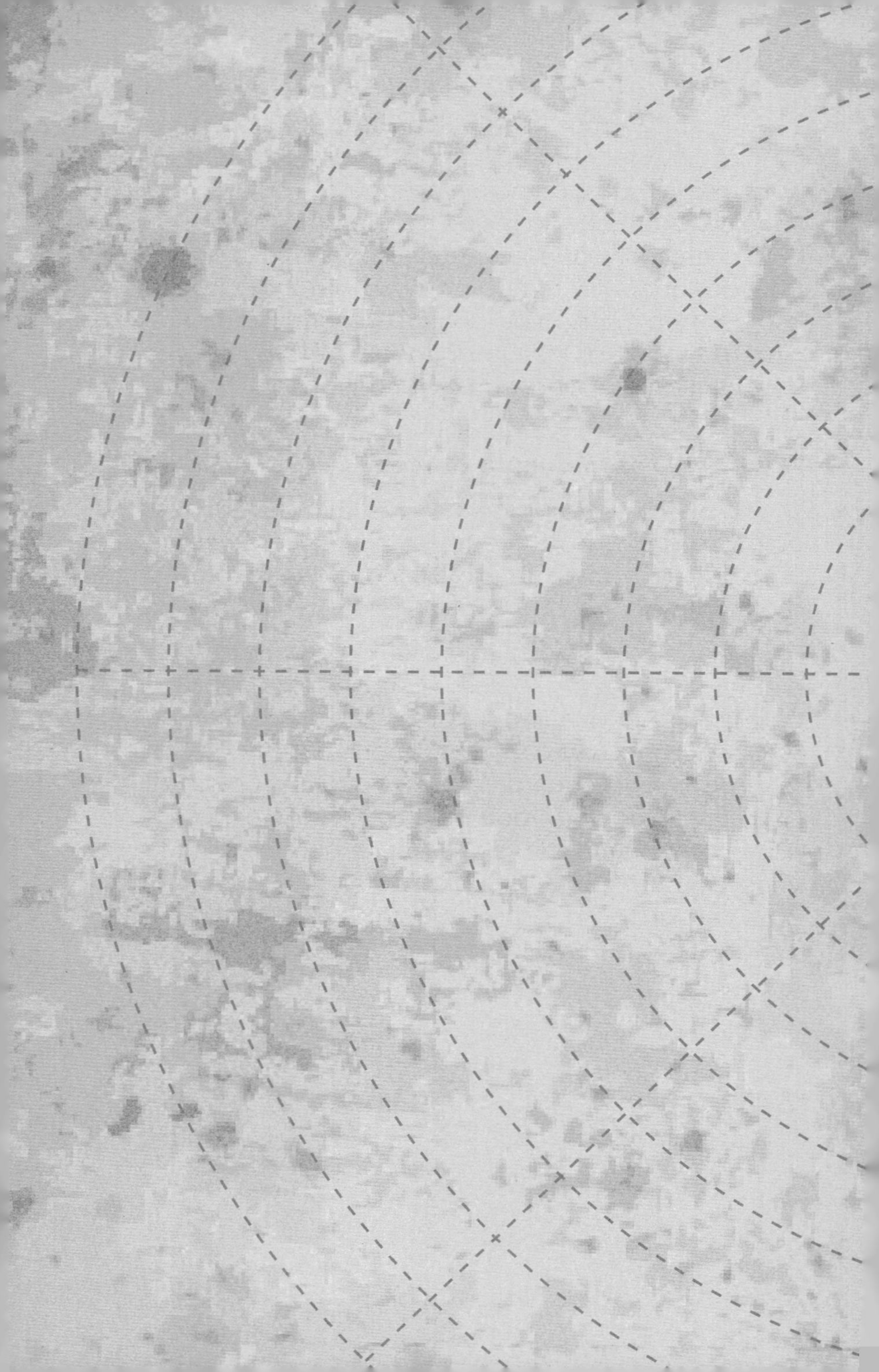

CAPÍTULO 2

O OBSERVADOR DE SI

"Eu não sou os meus pensamentos, eu sou a consciência que observa os meus pensamentos".*

Temos tendência a fazer as coisas repetidamente, e isso é natural do ser humano. Nos tornamos automatizados, não nos questionamos e somos apenas conduzidos pela maneira habitual de ser. Um exemplo: você acorda, pega o celular, confere o WhatsApp, vai ao banheiro, escova os dentes da mesma forma, toma café da mesma maneira e repete todas essas ações rotineiramente e inconscientemente. Costuma acordar e dormir nos mesmos horários e repetir os mesmos comportamentos a vida inteira.

* TOLLE, E. O Poder do agora: um guia para a iluminação espiritual. Rio de Janeiro: Sextante, 2000.

Se você estuda, vai à igreja ou faz parte de algum grupo, já percebeu que costuma sentar no mesmo lugar, no mesmo canto? Se um dia você chega e tem alguém sentado naquele lugar onde costumava se sentar, tem a sensação que roubaram seu lugar, não é mesmo? Mas esse lugar era seu? Tinha alguma reserva em seu nome? Em qualquer ambiente que você está acostumado a ir, e onde costuma sentar nos mesmos lugares, se por algum motivo esse lugar foi mudado, a mente interpreta como uma ameaça, e o novo lugar só se tornará seguro para sua mente quando você sentar ali diversas vezes.

Outro exemplo: se você dirige, certamente vai pelos mesmos caminhos, e se alguma rua ou estrada estiver interditada quando você for passar, isso já causa uma sensação de desconforto, porque terá de pegar um atalho desconhecido. Você já parou para pensar o que causa esse desconforto?

Como disse acima, nós aprendemos tudo por repetição. Dificilmente você se lembrará de como aprendeu a andar, mas certamente caiu várias vezes até conseguir dar o primeiro passinho. Da mesma forma, ao aprender a falar, gaguejou sílabas erradas repetidamente, até que, em um belo momento, conseguiu pronunciar mais ou menos uma palavra.

Nossa mente não sabe lidar com o desconhecido; por isso, precisamos repetir todas as coisas de forma igual todos os dias para que isso se torne automatizado. Isso traz uma sensação de segurança para o corpo.

“

Eu não sou os meus pensamentos, eu sou a consciência que observa os meus pensamentos.

”

Para entendermos essa conexão entre mente e corpo, precisamos ser observadores de nós mesmos. É natural se perguntar: como posso me observar se estou dentro de mim e não fora? Vou explicar mais detalhadamente o que significa ser um observador de si. Quando acreditamos que somos aquilo que pensamos, acabamos criando instantaneamente uma realidade fisiológica que reflete nossos pensamentos. Nosso corpo não faz distinção entre uma emoção gerada por uma experiência real e uma provocada por um pensamento. Por isso, criamos nossa realidade de acordo com aquilo que pensamos.

Vamos realizar um exercício rápido que ajudará você a compreender melhor o que estou dizendo. Pare por um momento de ler este livro, feche os olhos e traga à mente um momento da sua vida que lhe trouxe sentimentos de tristeza, impotência ou mágoa. Observe como seu corpo reage a essas lembranças. Agora, respire profundamente e, por um minuto, pense no dia mais feliz da sua vida ou em um momento especial que lhe trouxe alegria. Preste atenção em como seu corpo responde a essa memória positiva. Você percebeu como, em questão de segundos, seu corpo pode ser inundado por hormônios gerados por essas memórias? Cada vez que você revisita um trauma, uma mágoa ou uma lembrança feliz, você ancora novamente essa emoção em seu corpo. Imagine se você revive esses sentimentos todos os dias, o que acontece? Para cada pensamento, um hormônio é liberado e, como somos seres neuroquímicos, isso cria um padrão mental formado pelos pensamentos que você alimenta repetidamente.

Portanto, podemos afirmar que você é aquilo que pensa. Reflita: o que você tem carregado em sua mente? Qual é a natureza dos seus pensamentos? Compreender isso é fundamental para transformar sua realidade e se tornar a melhor versão de si mesmo.

Há um problema sério em moldar nossas emoções com base em nossos pensamentos, pois a natureza dos nossos pensamentos tende a ser negativa. Estudos mostram que cerca de 95% dos nossos pensamentos são negativos, ligados a um sistema de sobrevivência que herdamos de nossos ancestrais.* Essa predisposição nos faz focar em perigos e ameaças, dificultando a construção de uma mentalidade mais positiva e equilibrada.

Imagine o homem de Neandertal, o homem das cavernas, diante de um animal que representa uma ameaça. Nesse momento, seu corpo ativa o sistema simpático (sistema de luta ou fuga). As pupilas se dilatam, o sangue flui para as extremidades e todo o sistema digestivo é mobilizado. Ele pode até perder o controle e fazer nas calças. Mas

* INCONSCIENTE controla 95% de tudo o que fazemos, afirmam neurocientistas: por quê? Mulher.com.br, 7 de dezembro de 2016. Disponível em: https://www.mulher.com.br/atualidades/ciencia/inconsciente-controla-95-de-tudo-o-que-fazemos-afirmam-neurocientistas-por-que. Acesso em: 5 mar. 2025.

por que isso acontece? Porque, em um tempo remoto, um animal não se alimentava de outro que exalava um odor desagradável. Essa herança ancestral ainda vive em nós.

Hoje, sempre que enfrentamos uma ameaça – seja ela real, com um perigo iminente, ou imaginária, como a possibilidade de ser demitido ou o medo de que alguém não goste mais de você – nosso corpo reage da mesma maneira. O sistema simpático é ativado, preparando-nos para lutar ou fugir. Essa resposta automática, que serviu aos nossos antepassados, continua a moldar nossas emoções e reações, mesmo em situações que não representam um perigo físico imediato.

Você já parou para refletir que quando está com a ansiedade sente vontade de ir ao banheiro o tempo todo? Isso acontece porque o seu sistema de luta ou fuga está ativado mediante uma preocupação. Esse estado de alerta é tão intenso que, ao pensar em algo que incomoda você, seu corpo reage como se estivesse se preparando para a ação. Ele precisa se livrar de tudo que está no intestino, na bexiga e até no estômago, para que você se sinta mais leve e pronto para lutar ou fugir.

É por isso que, em momentos de grande estresse, podemos ter dificuldades em "digerir" as situações que enfrentamos. Às vezes, essa tensão se manifesta fisicamente, levando ao vômito. O corpo, em sua sabedoria ancestral, busca se preparar para qualquer eventualidade, eliminando o que não é necessário para a sobrevivência. Essa resposta instintiva, que nos protege, é um lembrete poderoso de como nossas emoções e pensamentos podem impactar nosso corpo de maneira profunda e imediata.

Imagine que dentro de nós existe uma antena sutil, sempre alerta, conectada aos três maiores medos da humanidade: o medo da morte, que abrange o temor de doença e sofrimento; o medo da escassez; e o medo de perder aqueles que amamos. Esse radar interno está constantemente ligado, monitorando nosso ambiente.

Quando nosso corpo detecta uma ameaça relacionada a esses medos, ele ativa imediatamente o sistema de luta ou fuga. Essa resposta desencadeia uma descarga intensa de hormônios do estresse, que podem se manifestar como tremores. Mas o que é fascinante é que esse tremor não é apenas um reflexo de nervosismo; ele serve a um propósito vital. Ao tremer, nosso corpo espalha uniformemente o cortisol, liberando-o do coração e dos órgãos vitais, preparando-nos para agir.

Quando vier o pensamento de preocupação, pergunte a si mesmo: qual a probabilidade de isso realmente acontecer? Isso é verdadeiro? Quais são as chances de que isso ocorra?

Esse processo de reflexão não apenas traz maior clareza à sua vida, mas também permite que você se observe de uma nova perspectiva. Imagine-se flutuando acima de si mesmo, analisando seus pensamentos, sentimentos e ações. Essa visão externa retira você do piloto automático e convida para um estado de maior consciência. Em vez de reagir impulsivamente, você se move para um espaço de reflexão, onde pode escolher suas respostas fisiológicas com mais sabedoria.

A partir de hoje, eu convido você a escolher seus pensamentos da mesma forma que escolhe suas roupas ou os alimentos que consome. Essa é uma habilidade poderosa, e se você não a utilizar, corre o risco de ser dominado por sua própria mente. Lembre-se: não é a sua mente que deve governá-lo, mas você quem deve comandá-la.

Escolher seus pensamentos e direcioná-los é o que chamamos de autocontrole. Essa habilidade é a chave para moldar sua realidade. A partir deste instante, comece a observar o que passa pela sua mente e como isso impacta seu corpo. Essa prática pode ser uma das lições mais valiosas que você encontrará neste livro. Lembre-se: o corpo não distingue entre uma emoção gerada por uma experiência real e aquela provocada por um simples pensamento ou lembrança.

Vamos explorar mais um exemplo para deixar isso bem claro. Feche os olhos por um instante e pense em um brigadeiro irresistível ou na sua sobremesa favorita. Sinta como, mesmo sem estar com fome, sua boca já se enche de água, não é? Esse simples pensamento pode despertar em você uma vontade quase incontrolável de saborear aquele doce especial. Você sabe por que isso acontece? Porque sua mente não sabe que você está apenas pensando. Ela tem certeza que está diante de um doce.

É fundamental compreender que a mente, por sua natureza, não lida bem com o novo. Gostaria que você pensasse em como se sente ao receber a notícia de que fará uma viagem para um lugar desconhecido. Na noite anterior à viagem, é provável que a ansiedade o mantenha acordado. A mesma lógica se aplica ao trabalho: se seu chefe lhe informa que você mudará de setor, a inquietação pode lhe roubar o sono, pois a mudança representa o desconhecido.

Imagine que você conheceu alguém em um aplicativo de namoro e marcou um encontro para tomar um café. Essa situação é nova e desconhecida e, como resultado, sua mente começa a inundá-lo com ansiedade. Pensamentos como: "E se a pessoa não gostar de mim?" ou "E se tudo der errado?" começam a surgir, enquanto você se pergunta como deve se vestir para esse encontro.

Mas aqui está a chave: você pode fazer esse caminho mental. Você pode fechar os olhos e visualizar esse encontro da melhor maneira possível. Ao fazer isso, você ensina sua mente a acreditar que esse momento já aconteceu. Essa prática não apenas diminui a ansiedade, como também aumenta sua confiança.

Esse mesmo princípio pode ser aplicado a uma entrevista para um novo emprego ou a qualquer situação que desperte medo e nervosismo. Ao imaginar o sucesso dessas experiências antes de vivê-las, você transforma o desconhecido em algo familiar e positivo. Use sua mente a seu favor e veja como a confiança substitui o medo!

Vivemos frequentemente em estados alterados, presos entre o passado e o futuro. O passado nos envolve em nostalgia, enquanto o futuro nos mergulha em ansiedade. Essa dificuldade em nos ancorar no presente, no aqui e agora, pode nos fazer sentir esquecidos e desconectados. Quantas vezes você já se pegou voltando para verificar se realmente trancou a porta de casa ou se ligou o alarme? Não é que você seja esquecido, mas sim que estava tão absorto em seus pensamentos que não estava verdadeiramente presente.

Imagine que você fecha a porta de sua casa, mas sua mente está distante, pensando nas tarefas que virão a seguir. Quando não estamos plenamente conscientes do que fazemos, esquecemos detalhes importantes, pois nunca estamos inteiramente em lugar algum.

Certa vez, atendi uma adolescente que me confessou: "Estou tão preocupada com a minha prova". Respondi: "Mas agora você está aqui, fazendo terapia". Ela, visivelmente aflita, disse: "Sim, mas não consigo parar de pensar na prova". Então, perguntei: "E quando você estiver fazendo a prova, em que você irá pensar?". E ela respondeu: "Fico preocupada com a minha nota". Essa constante ausência a impedia de se concentrar. Em vez de estar presente na aula, sua mente vagueava por pensamentos de ansiedade, fazendo com que suas notas fossem comprometidas.

Estamos sempre ausentes, perdendo a chance de viver plenamente cada momento. Reconhecer isso é o primeiro passo para retomar o controle e viver no agora.

Pense na mente como o fermento que faz um bolo crescer. Já tentou fazer um bolo que não cresceu, que ficou denso e pesado, como uma sola de sapato? Agora, imagine que o seu corpo é esse bolo e o fermento representa seus pensamentos. Se o fermento for ruim, o bolo nunca crescerá. Da mesma forma, se seus pensamentos forem negativos, seu corpo não responderá adequadamente aos desafios da vida.

Para sair desse padrão mental condicionado ao programa de sobrevivência, escapar do modo automático e trazer consciência para sua rotina, existem exercícios essenciais que podem transformar sua experiência diária. Esses exercícios não apenas iluminam sua percepção, mas também o ajudam a sair do piloto automático – um estado que alimenta a ansiedade. Afinal, a ansiedade é, em essência, um vício de pensamento; nos tornamos prisioneiros de um fluxo incessante de preocupações, distantes do aqui e agora.

Nosso corpo opera em um nível neuroquímico, e tudo o que repetimos se transforma em um padrão mental. Por isso, é crucial criar uma nova demanda química em nosso organismo. Imagine que seu corpo é como uma garrafa de água, preenchida até a boca. A menor gota a mais pode fazer essa garrafa transbordar, simbolizando momentos em que perdemos o controle. Quando você diz "estou por aqui" e coloca a mão perto da garganta, isso representa o acúmulo de emoções prestes a transbordar!

Vou trazer uma técnica simples, mas eficaz, que pode transformar sua saúde mental e física. Conhecida como respiração diafragmática, abdominal ou profunda, ela envolve o uso do diafragma, um músculo localizado abaixo dos pulmões. Ao contrário da respiração superficial, que utiliza apenas a parte superior dos pulmões, a respiração diafragmática permite uma troca de ar mais eficiente, aumentando a oxigenação do corpo.

Como praticar a respiração diafragmática

1. **Encontre um local confortável:** sente-se ou deite-se em um lugar tranquilo, onde você possa relaxar sem interrupções.
2. **Coloque as mãos no abdômen:** uma mão deve estar no peito e a outra no abdômen. Isso ajudará você a sentir a movimentação do seu corpo enquanto respira.

3. **Inspire profundamente pelo nariz:** ao inspirar, concentre-se em expandir seu abdômen. O peito deve permanecer relativamente imóvel. Imagine que você está enchendo uma bola de ar que está no seu abdômen.
4. **Expire lenta e completamente pela boca:** ao expirar, contraia suavemente o abdômen, empurrando o ar para fora. Sinta a mão no abdômen descer enquanto a mão no peito continua quase parada.

Benefícios da respiração diafragmática

1. **Redução do estresse:** a respiração diafragmática ativa o sistema nervoso parassimpático, que promove a sensação de calma e relaxamento, reduzindo os níveis de cortisol no corpo.
2. **Melhora da concentração:** com a oxigenação adequada, seu cérebro funciona melhor. Isso resulta em maior clareza mental e foco nas tarefas do dia a dia.
3. **Apoio à saúde física:** essa técnica pode ajudar a diminuir a pressão arterial, melhorar a digestão e fortalecer o sistema imunológico.
4. **Aumento da consciência corporal:** praticar a respiração diafragmática aumenta a consciência sobre como você respira e como seu corpo se sente, promovendo uma melhor conexão mente-corpo.

5. **Alívio da ansiedade:** a prática regular pode reduzir os sintomas de ansiedade e pânico, proporcionando uma sensação de controle em momentos de crise.

Um protocolo simples para começar

Uma maneira eficaz de integrar essa prática na sua rotina é dividir o dia em momentos estratégicos. Tente fazer a respiração diafragmática em oito momentos ao longo do dia:

1. Ao acordar.
2. No meio da manhã.
3. Durante o almoço.
4. No início da tarde.
5. No meio da tarde
6. No final da tarde.
7. No início da noite.
8. Antes de dormir.

Esse protocolo de 21 dias pode proporcionar mudanças significativas. Quando você realiza a respiração diafragmática, seu corpo reage liberando hormônios como ocitocina, dopamina e serotonina. Esses "hormônios do bem" ajudam a transformar sua experiência emocional, trazendo calma e tranquilidade em meio ao caos da ansiedade.

É importante estar ciente de que a ansiedade é, de certa forma, um vício. Nos primeiros dez dias, você pode sentir resistência. É comum ter pesadelos, pois o corpo, que não distingue entre viver e pensar, ainda demanda a química da ansiedade. Você pode sonhar que está em situações de perigo, como caindo em um buraco ou sendo perseguido. Isso é natural e faz parte do processo de desintoxicação emocional. Após aproximadamente 21 dias, você começará a notar uma diferença significativa. A sensação de calma e clareza mental se tornará mais frequente, e os pensamentos acelerados que antes dominavam sua mente começarão a se dissipar. Você verá a nova pessoa que está se tornando, mais leve e mais conectada ao presente.

Outro exercício extremamente importante é o exercício do aqui e agora. Na correria do dia a dia, é comum estarmos sempre pensando em algo distante. Dificilmente você toma um banho pensando realmente no banho; sua mente vagueia para outras coisas. O exercício do aqui e agora é uma ferramenta que nos ajuda a ancorar no presente. A ideia é muito simples: narre verbalmente o que você está fazendo. Se você mora com alguém, avise essa pessoa sobre o seu exercício, para que não pense que você está tendo um surto!

Como funciona?

Imagine que você está tomando banho. Comece a narrar: "Estou ligando o chuveiro. A água está caindo sobre o meu corpo. Estou lavando meu rosto. Agora, estou limpando meus braços". Essa prática pode parecer estranha no início, mas, acredite, é incrivelmente eficaz. Você também pode cantar uma música que goste enquanto faz isso. Uma paciente minha, por exemplo, cantava uma canção católica, imaginando que a água estava lavando e curando seu corpo.

Você pode aplicar o mesmo princípio enquanto lava a louça. Descreva a espuma na esponja, o som da água corrente. E não se esqueça de incorporar esse exercício nas suas refeições: "O que eu estou comendo agora? Qual é o sabor que sinto na minha boca? Quanto tempo esse sabor permanece no meu paladar?".

Eu, pessoalmente, uso esses exercícios como forma de prevenção. Por exemplo, quando entro no carro para dirigir até o consultório, vou narrando tudo o que vejo: "Um outdoor do shopping à direita. Um cachorro atravessando a rua". Isso traz uma consciência renovada ao meu trajeto, ajudando-me a estar mais presente e atenta.

Ao iniciar esse exercício de atenção plena no trânsito enquanto caminha ou anda de bicicleta, você começará a notar detalhes que antes passavam despercebidos. Aquela árvore que você sempre viu, mas nunca realmente observou; a mudança de cores nas folhas ao longo das estações; o jeito peculiar de um cachorro que sempre aparece na calçada... É uma experiência incrível.

Existe um outro exercício que eu também recomendo aos meus pacientes, que é uma prática simples, porém transformadora: caminhar descalço. Dedique pelo menos dez minutos do seu dia para deixar seus pés tocarem a grama, a terra ou as pedras. Ao permanecer descalço, você permite que a energia flua por meio de você. Isso ajuda a reduzir o estresse, melhorar a circulação sanguínea e aumentar a sensação de bem-estar. Além disso, essa prática pode trazer uma sensação de *grounding*, ou enraizamento, que é essencial para a saúde mental e emocional. Você se sentirá mais centrado, calmo e conectado com o mundo ao seu redor.

Outra prática poderosa que recomendo aos meus pacientes são as afirmações. Em vez de se deixar levar pelas reclamações, escolha proclamar positivamente para a sua vida. Enquanto estiver descalço, conecte-se com a terra e declare: "Sou abençoado, sou feliz, sou realizado. A partir de agora, minha vida só melhora".

Uma dica prática é transformar essas afirmações em um lembrete visual. Crie um texto inspirador e use um *print* da tela como papel de parede no seu celular. Por exemplo, se você costuma se sentir ansioso, escreva: "Sou uma pessoa tranquila e feliz. Resolvo tudo com serenidade".

Se a falta de tempo é um desafio para você, afirme: "Sou alguém que tem tempo para tudo. Consigo fazer tudo o que preciso e ainda me sobra tempo". Para as dificuldades de sono, experimente:

"Tenho um sono profundo e reparador. Acordo renovado e cheio de disposição".

Se a sua relação com o dinheiro é complicada, escreva: "Tenho dinheiro sobrando para comprar tudo o que preciso e ainda faço investimentos".

Além disso, você pode anotar essas frases em papéis e colocá-los em locais estratégicos da sua casa ou do trabalho. Dessa forma, você estará constantemente se alimentando de pensamentos positivos, porque, afinal, somos aquilo que escolhemos nutrir em nosso corpo, mente e espírito.

Durante minhas sessões de terapia, que duram cerca de uma hora e quinze minutos, sempre busco maneiras de prolongar esse processo transformador além das paredes do consultório. Uma das minhas recomendações favoritas para os meus pacientes são os filmes terapêuticos.

Esses filmes não são apenas entretenimento; eles atuam como poderosas ferramentas de reflexão e autoconhecimento. Ao final da sessão, deixo cada paciente com algumas tarefas práticas, como as que mencionei anteriormente, e a sugestão de assistir a esses filmes. Assim, a terapia continua a ressoar em suas vidas, oferecendo novas perspectivas e insights que podem ser explorados em casa. É uma forma de integrar a experiência terapêutica no cotidiano, enriquecendo a jornada de autodescoberta e cura.

Seria fundamental que você explorasse alguns desses filmes terapêuticos:

O segredo: ouse sonhar (título original: *The secret: dare to dream*) foi lançado em 2020, inspirado nos princípios da Lei da Atração, que se popularizou com o livro e o documentário *The secret*, de Rhonda Byrne. *O segredo: ouse sonhar* é um filme que combina elementos de romance e autoajuda, promovendo a ideia de que é possível transformar a vida por meio do poder do pensamento positivo e da ação consciente.

Outro filme que recomendo aos meus pacientes é *Poder além da vida* (título original: *Peaceful warrior*), lançado em 2006. Esta obra, inspirada no livro de Dan Millman, nos leva em uma jornada de autodescoberta e transformação. Assistir a esse filme pode ser uma experiência transformadora, proporcionando insights valiosos e uma nova perspectiva sobre o que significa viver plenamente. É um convite para todos nós mergulharmos em nossa própria jornada de autodescoberta e crescimento pessoal.

Outro exercício poderoso que recomendo aos meus pacientes é a prática de refletir sobre três coisas pelas quais são gratos antes de dormir. Estudos demonstram que, quando nos concentramos em momentos de gratidão, essa energia positiva reverbera em nosso corpo e mente por pelo menos três meses. Portanto, essa prática não é apenas uma atividade passageira, mas um hábito transformador que deve ser cultivado diariamente.

Ao dedicar um momento do seu dia para reconhecer e agradecer, você não apenas acalma a mente, mas também cria um espaço para que a positividade se instale em sua vida. Essa simples reflexão pode alterar sua perspectiva, promovendo um estado interior de contentamento e de paz. Experimente fazer isso todas as noites e observe como essa prática impacta seu bem-estar ao longo do tempo. A gratidão é uma força poderosa, e, ao incorporá-la em sua rotina, você estará investindo em uma vida mais plena e significativa.

Outro exercício essencial que recomendo a meus pacientes é programar alarmes em momentos estratégicos do dia. Ajuste essa prática à sua rotina e, quando o despertador tocar, faça uma pausa para se perguntar: "O que estou pensando agora? Que sentimentos estão surgindo dentro de mim?". Isso faz com que você seja mais uma vez "o observador de si".

Pense na sua vida como uma demonstração de resultados emocionais. Se, ao final de um dia, você contabiliza cinco emoções positivas e quatro negativas, é a soma dessas experiências que determinará seu estado mental predominante. A verdadeira virtude reside na habilidade de escolher os afetos que impactam sua vida de maneira positiva.

Portanto, se perceber que está cultivando uma emoção negativa, escolha mudar instantemente. Torne-se um observador de si mesmo. Essa é a oportunidade perfeita para virar a chave da mudança. Ao praticar essa auto-observação, você se empodera para transformar sua realidade emocional e criar um espaço mais positivo em sua vida.

Quando um pensamento negativo surgir, você pode dizer: "Muito obrigado, pensamento, mas quem manda aqui sou eu!". Lembre-se de que o divino que habita dentro de você é quem realmente tem o controle. Nesse momento, substitua instantaneamente essa ideia negativa por uma imaginação ativa e positiva.

Por exemplo, se você se pegar pensando que não conseguirá fazer a apresentação do seu TCC na faculdade ou ler em voz alta diante de uma plateia, faça uma virada mental. Em vez de se deixar levar pela insegurança, visualize-se recebendo aplausos entusiasmados após sua apresentação. Imagine-se já realizando aquilo que o pensamento negativo tentou convencer você do contrário, mas de forma oposta e cheia de positividade.

Essa prática não apenas transforma sua perspectiva, mas também ativa sua confiança e empoderamento. Ao cultivar essa habilidade de reprogramar seus pensamentos, você se torna o arquiteto da sua própria realidade, criando um espaço mental onde a positividade e a autoconfiança florescem.

Outro hábito imprescindível é o ritual noturno para garantir um sono reparador. Uma hora antes de se deitar, reduza a luminosidade ao seu redor e mergulhe seu espaço em total escuridão. Isso permite que a glândula pineal ative a produção de melatonina, o hormônio responsável pelo sono profundo.

Ao acordar, é essencial regular seu sistema dopaminérgico. Abra a janela e deixe que a luz do dia penetre em seu ambiente, estimulando a retina dos seus olhos. Para aprofundar ainda mais esse processo, recomendo a leitura de um livro fascinante: *O milagre da manhã*, de Hal Elrod. Ele oferece insights valiosos que podem transformar suas manhãs e, consequentemente, sua vida.

Eu sempre aconselho meus pacientes a dedicarem, no mínimo, dez minutos diários à luz do sol, ou a adaptarem esse hábito à sua rotina. Os benefícios são extraordinários! A exposição ao sol não apenas eleva os níveis de vitamina D, essencial para a saúde óssea e imunológica, mas também melhora o humor e a qualidade do sono.

A luz solar estimula a produção de serotonina, o neurotransmissor responsável pela sensação de bem-estar. Além disso, esses momentos ao ar livre ajudam a regular os ritmos circadianos, promovendo um ciclo de sono mais saudável. Incorporar essa prática simples à sua vida pode ser um verdadeiro divisor de águas para o seu bem-estar físico e mental.

Estudos comprovam que o trabalho voluntário traz benefícios incríveis para nossa saúde mental, física e espiritual. Ajudar os outros pode ser a chave para sua própria transformação. O trabalho voluntário não é apenas uma forma de dar; é um poderoso exercício de autocura que, mesmo nos momentos em que não nos sentimos

“

Quando um pensamento negativo surgir, você pode dizer: 'Muito obrigado, pensamento, mas quem manda aqui sou eu!'. Lembre-se de que o divino que habita dentro de você é quem realmente tem o controle.

”

bem ou preparados, pode nos fortalecer de diferentes maneiras.

Em Mateus 25:35-40, somos chamados a alimentar os famintos, acolher os estrangeiros e cuidar dos necessitados. Jesus nos ensina que, ao servir, servimos a Ele. Essa conexão nos faz perceber que, ao ajudarmos os outros, encontramos um novo motivo para sorrir e seguir adiante.

E "nesta longa estrada da vida" – agora me lembrei da música do Milionário & José Rico, que é muito pertinente –, encontramos adversidades, e a vida nos surpreende a todo momento. Como queremos ter controle sobre o futuro, isso gera dentro de nós uma ansiedade, pois a vida é imprevisível.

Tenho uma paciente no consultório que é como se fosse uma filha para mim. Ela gravou um vídeo nos stories do Instagram falando sobre o que aprendeu durante nossas terapias e como isso realmente fez uma mudança em sua vida. Ela disse: "Minha terapeuta querida, Adrisinha, me ensinou que devemos aceitar tudo e todos. Então, quando estou nervosa, eu respiro profundamente e falo para mim mesma: 'Eu aceito tudo e todos'. Vou repetindo isso internamente para mim". Ela disse que isso realmente mudou a sua vida.

Quando não aceitamos determinadas coisas, acontecimentos ou pessoas, criamos uma resistência interna, que gera muito sofrimento. Essa resistência nasce da necessidade de querer controlar tudo o que acontece. Muitas vezes, queremos desempenhar o nosso papel e o de Deus, e quando algo acontece, acabamos julgando isso como negativo ou positivo, o que nos deixa chateados e tristes. Porém, muitas vezes, Deus escreve certo por linhas tortas, como diz o ditado. Aquilo que hoje pode parecer negativo, futuramente pode ser a melhor coisa da sua vida.

Além disso, o comportamento de alguém que nos irrita pode ser algo que precisamos trabalhar dentro de nós, refletindo aquilo que precisamos evoluir ou mostrando o que não podemos ser. Assim, deixo uma recomendação diária – todos os dias, levante-se e diga: "Eu aceito tudo e todos. Não irei julgar nada nem ninguém". Quando deixamos de julgar, experimentamos um estado de graça e a vida passa a ter outro sentido.

Tem um exercício poderoso que recomendo a todos os meus pacientes: nutrir o amor-próprio diariamente. Ao acordar, olhe-se no espelho e diga com sinceridade: "Eu te amo. O que posso fazer hoje para que você se sinta mais feliz?".

Nos primeiros momentos, pode parecer desafiador expressar esse amor por si mesmo. No entanto, à medida que você se dedica a essa prática, perceberá que cada palavra se torna mais significativa. Essa simples rotina de amor-próprio pode gerar resultados extraordinários em sua vida.

Permita que seu coração responda a essa pergunta: o que você realmente precisa? Ao escutar

“

Assim, deixo uma recomendação diária – todos os dias, levante e diga: ‘Eu aceito tudo e todos. Não irei julgar nada nem ninguém’.

”

essa voz interior, você começará a cultivar uma relação mais profunda e genuína consigo mesmo. Com o tempo, essa pequena atividade diária se transforma em um poderoso ritual de autoestima, trazendo luz e alegria para os seus dias.

Permita-me compartilhar algo que fez uma diferença monumental na minha vida. Sempre fui uma cuidadora por natureza, alguém que nasceu para zelar pelos outros. No entanto, essa dedicação muitas vezes se transformava em uma dificuldade em receber. Essa verdade se tornou clara para mim em um momento inesperado, durante uma cirurgia que me forçou a passar dias deitada, dependendo da ajuda da minha mãe até para as tarefas mais simples, como ir ao banheiro.

A vulnerabilidade dessa situação me deixou profundamente desconfortável. Foi nesse período que percebi algo fundamental: eu não sabia receber. Não apenas a ajuda física, mas também o amor e o cuidado que estavam ao meu redor. Durante anos, fechei-me para a experiência de ser cuidada, acreditando que eu deveria ser sempre a forte, a autossuficiente.

Essa descoberta foi um divisor de águas. Eu entendi que, enquanto não aprendesse a receber, não poderia acolher as bênçãos que Deus e o universo tinham para mim. Existe uma sabedoria profunda na lei do dar e do receber: com a mão esquerda, nós recebemos; com a mão direita, nós damos. Essa dinâmica é essencial e precisa ser respeitada.

Se você, como eu, tem lutado com o ato de receber, saiba que isso precisa mudar. Permita-se ser amado, cuidar de si mesmo e aceitar a generosidade dos outros. Ao fazer isso, você abrirá as portas para um fluxo de amor e abundância em sua vida. Vamos juntos nessa jornada de transformação e de aprendizado? A verdadeira força está em reconhecer que, às vezes, é preciso deixar que os outros cuidem de nós.

Importante lembrar

Embora você esteja enfrentando uma situação desconfortável em sua vida, é fundamental lembrar que essa experiência é familiar para sua mente. A mente humana tem dificuldade em lidar com o novo e, muitas vezes, uma nova leitura ou um processo terapêutico pode ser percebido como uma ameaça à velha maneira de ser. O corpo aprende por repetição e, não importa a idade que você tenha, é provável que esteja preso a um padrão mental predominante esse tempo todo – seja ele de ansiedade, vitimismo ou de outro tipo.

Para que você possa experimentar uma nova forma de ser, é necessário passar por uma espécie de luto. E não vivemos o luto apenas quando perdemos alguém querido; enfrentamos lutos também quando precisamos deixar para trás o nosso eu falso – aquela ideia distorcida que temos de nós mesmos. Esse processo é um renascimento, uma oportunidade de emergir como a verdadeira essência que somos.

"Existe uma sabedoria profunda na lei do dar e do receber: com a mão esquerda, nós recebemos; com a mão direita, nós damos. Essa dinâmica é essencial e precisa ser respeitada."

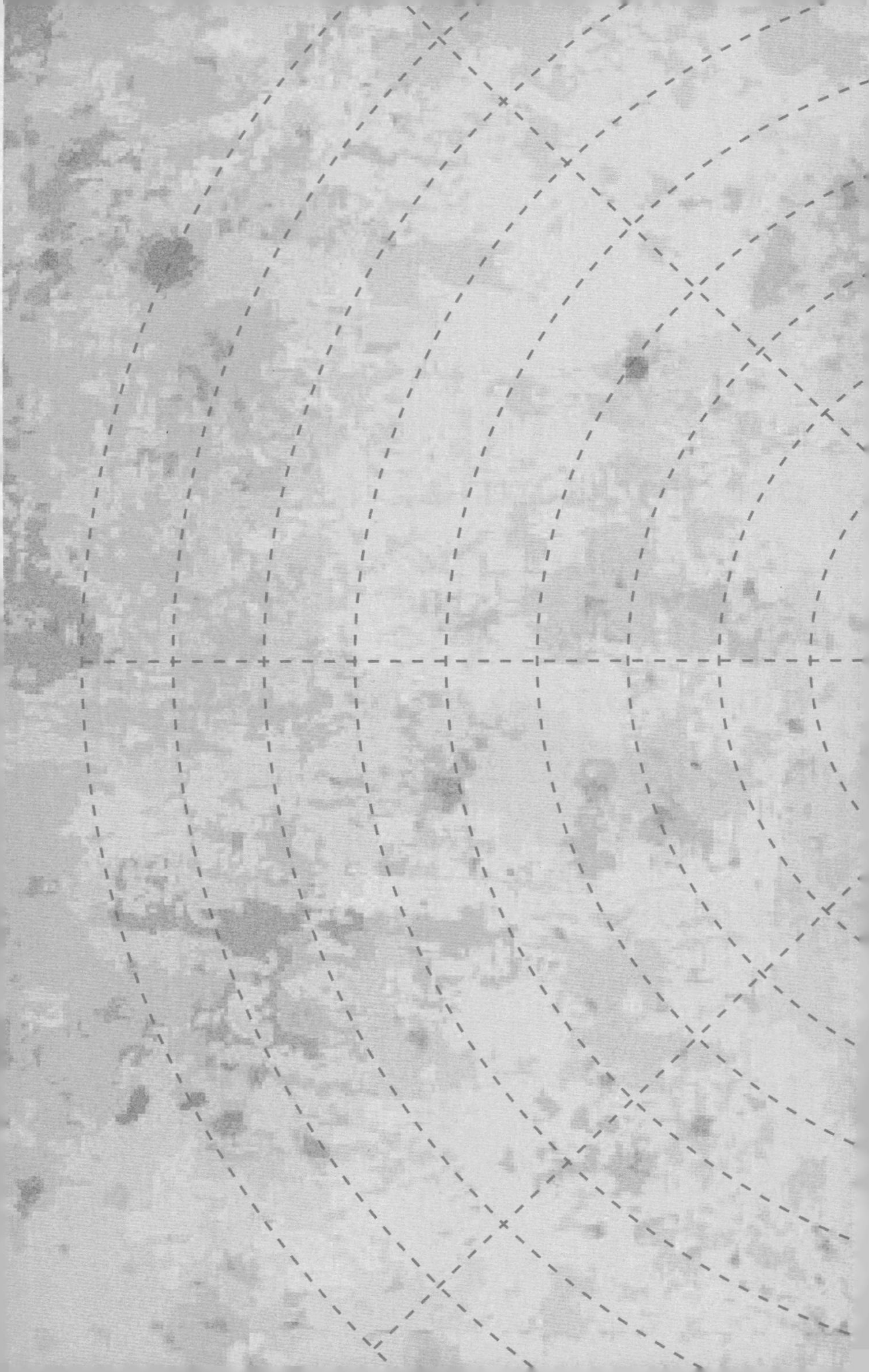

CAPÍTULO 3

O EU FALSO E O DESPERTAR DO EU VERDADEIRO

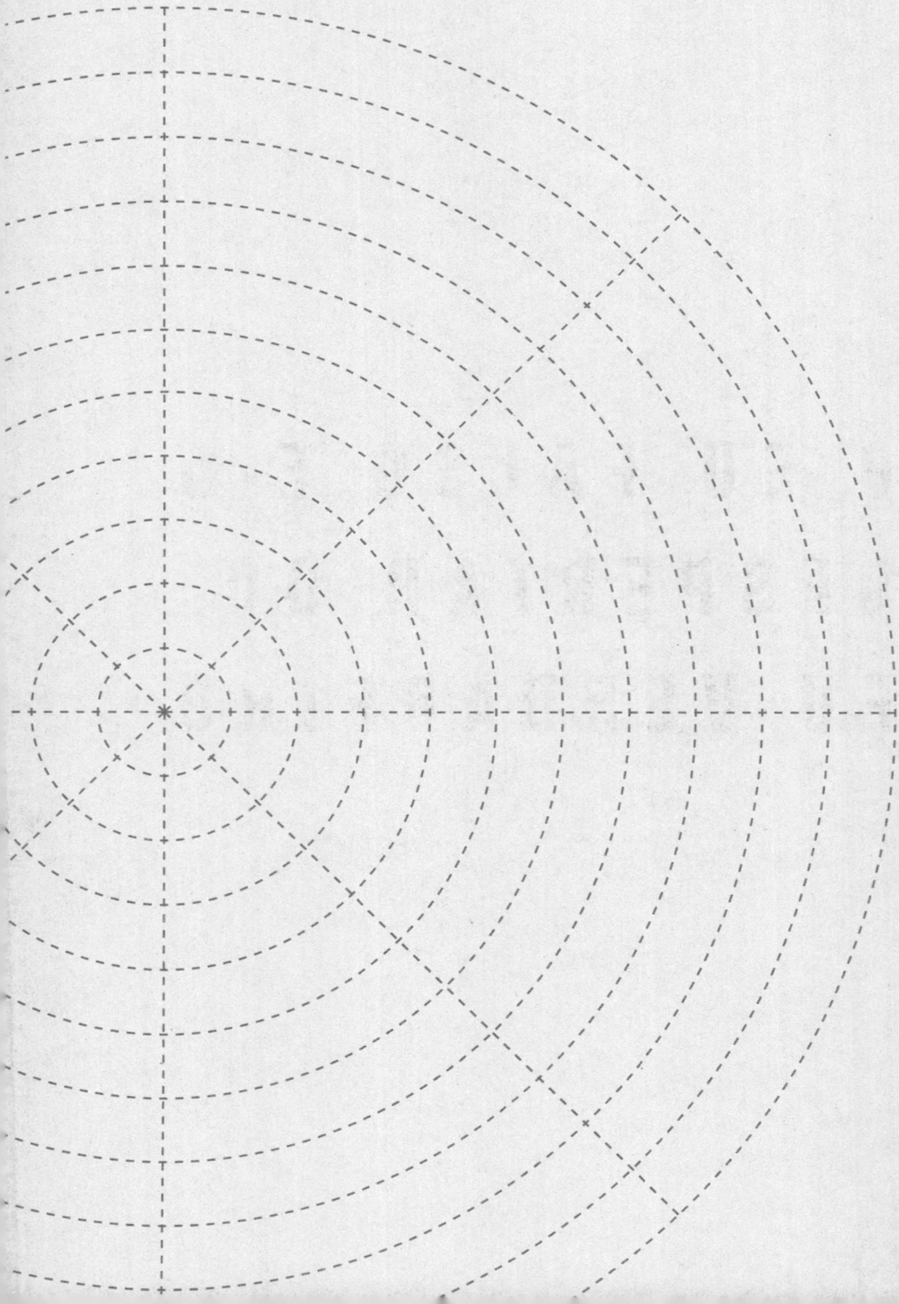

A identificação com o falso eu ocorre quando nos apegamos intensamente aos nossos pensamentos e narrativas internas. Esses pensamentos, frequentemente moldados por um programa de sobrevivência enraizado no medo, nos levam a acreditar que somos apenas isso: histórias que contamos a nós mesmos.

Quando nos apegamos a essas narrativas, perdemos de vista nossa verdadeira essência. Acreditamos que somos as nossas inseguranças, medos e limitações, e isso nos impede de acessar um estado mais profundo de autenticidade e de liberdade.

Para transcender essa identificação, é fundamental praticar a consciência plena e o autoconhecimento. Ao observar nossos pensamentos sem

"A identificação com o falso eu ocorre quando nos apegamos intensamente aos nossos pensamentos e narrativas internas."

nos deixar levar por eles, começamos a perceber que não somos as histórias que criamos. Essa separação nos permite explorar nossa verdadeira natureza, que é muito mais vasta e rica do que as narrativas limitantes.

Libertar-se do falso eu é um passo crucial para o crescimento pessoal e espiritual, permitindo que nos conectemos com a essência do que realmente somos, o despertar do nosso eu verdadeiro.

Quando eu tinha cerca de 25 anos, toda vez que me aproximava de um elevador, uma voz ressoava na minha mente, um pensamento insistente: "Não entre, o elevador vai cair!". O medo era tão intenso que me paralisava.

Foi então que aprendi a controlar minha mente e a perceber que eu não era os meus pensamentos. Assim, comecei a me libertar dessas vozes que tanto me atormentavam. Todos nós temos essas vozes internas, algumas mais estrondosas, outras mais sutis, mas o que realmente importa é a compreensão de que não somos essas narrativas.

Utilizei algumas técnicas para enfrentar esse desafio e controlar a mente. Uma delas foi cantar mentalmente minha música predileta, para desviar a atenção daquela voz baseada no medo. Repeti esse processo várias vezes até conseguir usar o elevador sem sentir medo.

A parte boa de tudo isso é que, finalmente, não precisei mais subir 15 andares de escada! Você deve

“

Libertar-se do falso eu é um passo crucial para o crescimento pessoal e espiritual, permitindo que nos conectemos com a essência do que realmente somos, o despertar do nosso eu verdadeiro.

”

achar isso engraçado, mas, acredite, essa pequena libertação foi uma vitória para mim.

É incrível como pequenas vitórias podem ter um impacto tão profundo em nossas vidas. Essa libertação me lembrou que, muitas vezes, são as mudanças aparentemente simples que nos permitem avançar e crescer.

Hoje, no consultório, uma paciente me contou que, toda vez que ia ao trabalho, uma voz ressoava em sua mente, dizendo que ela não podia atravessar em nenhum semáforo. Por isso, ela desviava dois quarteirões para evitar passar por um sinaleiro. Ela comentou que, aparentemente, era muito mais fácil usar a faixa de pedestres, que parecia mais segura, mas ela não conseguia fazer isso. Até que, um dia, decidiu enfrentar seu medo e conseguiu se libertar dessa limitação.

O medo é uma emoção profunda, enraizada em nossa natureza humana. Ele surge como um instinto de sobrevivência, uma resposta a situações desconhecidas e potencialmente perigosas. Mas, muitas vezes, o medo que sentimos não está relacionado a ameaças reais; ele é alimentado por nossa imaginação e pelas histórias que contamos a nós mesmos.

Esse sentimento poderoso pode nos paralisar, impedir que tomemos decisões e nos afastar de oportunidades valiosas. No entanto, ao invés de fugir dele, que tal encará-lo de frente? Compreender a origem do medo é o primeiro passo para desmantelá-lo.

Cada vez que você se permite explorar o que o assusta, você se fortalece. O medo, quando compreendido, pode se transformar em um aliado, guiando você em direção ao crescimento e à autodescoberta. Então, pergunte-se: o que o medo está tentando me ensinar? Essa é a chave para desbloquear seu verdadeiro potencial.

O medo está sempre ligado ao desconhecido, àquilo que a mente ainda não compreende. Ele é uma parte natural da experiência humana, surgindo como uma forma de proteção à vida. Sem o medo, correríamos riscos desnecessários que poderiam ameaçar nossa segurança.

Mas por que temos tanto medo do medo? Que tal encará-lo de frente? Em meu consultório, conduzo uma prática terapêutica chamada "Encontro com o medo". Durante essas sessões, os pacientes são guiados a uma meditação profunda, em que têm a oportunidade de se encontrar com esse sentimento muitas vezes incompreendido. Eles conversam com o medo e fazem as pazes com esse opressor que, na maioria das vezes, não é devidamente entendido. É uma experiência transformadora e, se você tiver a chance, recomendo fortemente que a vivencie com um profissional de sua confiança.

A mente tende a traçar um caminho curioso, mas muitas vezes doloroso. Imagine tudo o que poderia causar sofrimento em sua vida – as piores situações que você pode imaginar. A mente, então, condensa esse conteúdo em pensamentos, que não são poucos: cerca de 80 mil pensamentos diários.

Surpreendente, não é? Esses 80 mil pensamentos, por natureza, tendem a ser negativos, uma herança evolutiva para a preservação da espécie. Isso significa que, se você não estiver plenamente consciente do que está fazendo, suas reflexões provavelmente irão para o lado sombrio.

Um exemplo claro dessa natureza negativa do pensamento: imagine que você sente uma dor persistente em uma parte do corpo. Qual é o primeiro pensamento que vem à sua mente? "Devo estar com uma doença grave", não é mesmo?

Se você é pai ou mãe e seu filho deveria ter chegado às 18 horas, mas já são 20 horas e o celular dele está desligado. O que você pensa? "Deve ter sofrido um assalto ou ter se acidentado". Garanto que raramente um pensamento positivo surge para interpretar esse atraso.

Encarar o medo e transformar nossa relação com ele é o primeiro passo para uma vida mais leve e consciente.

Quando éramos crianças, a ousadia parecia ser parte da nossa essência. Lembro-me de quando, impulsionada pela imaginação, pulei de um puxadinho da casa da minha mãe com um guarda-chuva nas mãos, acreditando que iria voar. Era pura potencialidade! Por isso, é fundamental cuidar do seu filho e não deixá-lo muito tempo sozinho.

Com certeza você não se lembra de tudo o que fazia na infância. Muitas vezes, esquecemos dessas memórias porque estávamos tão envolvidos em nossa essência e potencialidade pura, brincando com a alma. Ao crescermos, deixamos essa essência de lado e passamos a nos conectar mais com a mente. Mas a mente pode ser traiçoeira; ela está ligada ao nosso sistema de sobrevivência e tende a criar narrativas que se distanciam das infinitas possibilidades que a vida nos oferece.

É crucial entender isso para fazer a virada de chave. Como já mencionei, o corpo não distingue entre uma emoção gerada por uma experiência real e uma provocada por um pensamento. Sempre que você lembra ou pensa em algo negativo, seu corpo reage quimicamente a essa emoção. E como o corpo aprende por repetição, em pouco tempo você pode se ver viciado em seus pensamentos.

A ansiedade, na verdade, é esse vício de pensar. Você pode estar preso ao sofrimento, à lamentação ou à reclamação. Pergunte a si mesmo: qual é o seu vício? O que você tem repetido diariamente que o impede de seguir em frente?

Toda vez que você pensa em algo, seu corpo interpreta isso como uma experiência real. Assim, se você relembrar um evento traumático, essa recordação traz sofrimento imediato e tangível ao seu corpo.

Quando falo em corpo, refiro-me a uma extensão da mente. Estou falando de glândulas

“

A ansiedade, na verdade, é esse vício de pensar.

”

suprarrenais e da fisiologia que nos rege. Para cada pensamento, hormônios são secretados na corrente sanguínea, correspondendo exatamente a esse pensamento.

Como nosso corpo aprende por meio da repetição e da emoção, nossos padrões de pensamento repetidos moldam nossa mentalidade predominante. Em outras palavras, você realmente se torna aquilo que pensa, e seus pensamentos têm o poder de criar sua realidade fisiológica.

Se você acreditar que está morrendo, em questão de segundos seu corpo libera hormônios que evocam a sensação de morte. Essas substâncias fazem com que você sinta as reações físicas desse pensamento.

Imagine que dentro de você existe um radar, sempre vigilante, detectando ameaças, sejam elas reais ou apenas frutos da sua imaginação. Esse radar é o seu sistema de sobrevivência. Quando algo provoca insegurança, ele ativa o seu mecanismo de luta ou fuga, preparando seu corpo para enfrentar ou escapar do perigo.

No entanto, essa ativação tem um preço: o sistema imunológico é temporariamente desativado. Para o corpo, é mais urgente proteger você da "fera" que ameaça sua vida do que combater um vírus. Esse desajuste gera um problema sério, resultando em doenças recorrentes que inflamam nosso organismo, manifestadas em uma infinidade de "ites".

Já se perguntou por que você vive resfriado? Ou o motivo de sofrer com sinusite, labirintite ou rinite de forma tão frequente?

E o mais extraordinário é que, ao compreender tudo isso, você poderá trazer a CURA para a sua vida.

A palavra "cura", em sua essência, significa "olhar para".* Quando direcionamos nosso olhar para um aspecto específico de nossa existência, começamos a dar a devida atenção a ele. Esse é o papel dos sintomas. Cada dor e desconforto que sentimos tem um propósito: nos chamar para a reflexão. Existe uma linguagem escondida nesses sinais que anseiam ser decifrados.

Quando finalmente entendemos o que a doença ou o sintoma tem a nos ensinar, estamos prontos para a cura. A enfermidade cumpriu sua missão ao nos proporcionar o aprendizado necessário. Isso se aplica a todos os âmbitos da vida; se há alguém doente na sua família, o aprendizado vai além do indivíduo afetado – ele se estende a todos ao redor.

Permita-me enfatizar isso repetidamente, para que você se lembre todos os dias: a mente pode enganar. Não há diferença entre pensar em algo e vivenciar isso; para o corpo, tudo é real. É crucial que você compreenda essa verdade.

* REZENDE, J. M. *Cura*. JM Rezende, [s.d.]. Disponível em: https://www.jmrezende.com.br/cura.htm. Acesso em: 18 mar. 2025

Quando finalmente entendemos o que a doença ou o sintoma tem a nos ensinar, estamos prontos para a cura.

Você precisa estar consciente da importância de escolher seus pensamentos, assim como escolhe suas roupas ou os alimentos que consome. Essa escolha é fundamental para a sua saúde e bem-estar.

E isso se faz por meio da consciência. No capítulo anterior, você aprendeu a ser um observador de si mesmo, observando os seus pensamentos e não permitindo que eles corram soltos.

A sua mente é um reflexo do seu eu falso. Os pensamentos que habitam esse espaço mental, frequentemente negativos, tendem a alimentar o medo constante – um mecanismo de defesa que busca preservar sua vida e protegê-lo da vergonha.

No momento em que percebe isso, tudo muda. Você começa a utilizar sua imaginação de forma ativa, traçando um caminho mental que o leva ao sucesso e à paz interior. Quando você se concentra em pensamentos positivos e elevados, seu corpo responde de acordo.

Experimente agora mesmo: lembre-se de um momento extraordinário da sua vida. Reviva aquela experiência incrível e sinta como seu corpo reage a essa memória. Essa é a sua capacidade poderosa – usar a imaginação para criar uma nova realidade. Ao fazer isso, você começa a moldar um futuro mais vibrante e pleno.

Gostaria que você parasse por um momento e refletisse sobre a sua rotina diária. Ao voltar para casa após um longo dia de trabalho, quantas vezes você se deixa cair no sofá, entregando-se a um turbilhão de pensamentos que vagueiam sem controle? E, ao permitir que esses pensamentos tomem as rédeas, para onde você acha que eles levam você, especialmente quando sua tendência é se concentrar no negativo?

Esses pensamentos geralmente se ancoram nos três maiores medos da humanidade. Já falamos disso anteriormente, mas vou repetir, porque é importante você fixar:

1. O medo da morte, que inclui também o temor de sofrer e adoecer.
2. O medo da escassez, que abrange a possibilidade de passar necessidade, como a fome ou o endividamento.
3. O medo de perder aqueles que amamos.

Esses medos, quando não reconhecidos e enfrentados, podem moldar a sua realidade de forma profunda.

Permita-me compartilhar a minha experiência:

Meu pai estava prestes a passar por sua quarta cirurgia cardíaca, e as chances de sobrevivência eram mínimas. Fomos chamados ao hospital antes do procedimento, onde os médicos nos explicaram as possibilidades. Ao receber a notícia pelo WhatsApp, minha mente imediatamente imaginou um quadro sombrio: visualizei meu pai em um caixão, sendo velado. A dor estampada em meu rosto, enquanto as lágrimas escorriam, mesmo eu presa em uma fila de trânsito.

Nesse momento, também percebi que era hora de agir como o observador consciente de mim mesmo. Pensei: "Preciso aplicar o que prego em minhas palestras, pois sem isso não há coerência entre o que digo e o que faço. Essa é a verdadeira diferença entre pessoas de sucesso".

Decidi então usar a imaginação ativa. Visualizei meu pai chegando em casa, sorridente, enquanto eu e minhas irmãs o esperávamos com uma cartolina que dizia: "Seja bem-vindo, pai! Nós te amamos!".

Meses depois, essa cena se concretizou. Não porque eu havia criado essa realidade por meio da minha imaginação, mas porque era uma possibilidade real, uma manifestação do que poderia ser.

A vida se desenrola em uma dança constante entre opostos: certo e errado, dia e noite, bem e mal. Quando nos deparamos com o desconhecido, como na angustiante espera pela cirurgia do meu pai, nossa mente se agita, inundada por um turbilhão de pensamentos negativos, disparados pelo EU FALSO. Isso acontece porque, em essência, nossa mente busca desesperadamente o controle sobre tudo ao nosso redor. E ali, naquele momento de incerteza, eu me vi impotente, sem poder interferir no que estava por vir.

O corpo humano é uma máquina impressionante, mas também vulnerável. Não distingue entre o que é real e o que é imaginado. Assim, quando meu coração se apertava ao pensar na possibilidade de perder meu pai, uma cascata de reações químicas se desencadeava em mim. O sistema de luta e fuga, sempre pronto para nos proteger, era ativado. O amor que sentimos por aqueles que nos são queridos se transforma em uma ameaça poderosa, fazendo com que nosso corpo ative todos os alarmes possíveis.

Nesse turbilhão emocional, somos lembrados de que, mesmo diante do medo e da incerteza, a vida continua sua marcha implacável. E, em meio à tempestade de sentimentos, encontramos a oportunidade de refletir sobre a fragilidade da vida e a força resiliente do amor.

Diante da incerteza, encontrei duas trilhas distintas: A) a possibilidade de perder meu pai, e B) a esperança de que ele sobreviveria à cirurgia. Mas qual dessas opções está correta? A ou B? A verdade é que nenhuma delas é absoluta; ambas são apenas possibilidades.

Aqui reside o verdadeiro segredo de quem utiliza a mente como um poderoso veículo de sucesso. Se eu me deixasse levar pelos pensamentos da opção A, mergulharia, sem saber, nas emoções da perda antes mesmo de ela ocorrer. Meu corpo, incapaz de distinguir entre o que é real e o que é imaginado, responderia como se eu estivesse vivendo essa dor. As reações fisiológicas seriam as mesmas, como se cada lágrima já tivesse sido derramada. Compreender isso é uma chave que pode transformar toda a nossa existência.

Por outro lado, se eu escolhesse me identificar com a opção B, acreditando fervorosamente que meu pai retornaria da cirurgia curado e feliz, meu corpo seria inundado por hormônios do bem-estar: ocitocina, dopamina, serotonina. Essa simples mudança de perspectiva não apenas aliviaria meu coração, mas também traria benefícios reais para minha saúde.

A maneira como pensamos molda nossa realidade. E, ao entender essa dinâmica, podemos direcionar nossa vida para um caminho mais positivo e repleto de esperança. A escolha é nossa, e essa escolha pode redefinir o nosso destino.

Embora ambas as opções fossem apenas possibilidades, eu percebia que, entre a tristeza e a perda ou a esperança e a cura, a escolha era clara. Optar por me identificar com pensamentos que secretam hormônios de dor e desespero não era uma opção que eu estava disposta a aceitar. Em vez disso, eu escolhia aquela possibilidade que gerava uma reação química positiva em meu corpo. Isso surge de uma consciência profunda, de ser um observador de si e de me perguntar: "O que estou pensando agora? Isso é real ou apenas uma criação da minha mente? Qual a probabilidade de isso realmente acontecer?".

Quando nos tornamos observadores de nossos próprios pensamentos, não permitimos que nossa mente vagueie descontroladamente, alimentando um programa de sobrevivência que pode minar nosso sistema imunológico. Pensar é um ato de escolha, e assim como escolhemos um destino, o que comer ou em que acreditar, também precisamos escolher nossos pensamentos.

Ao decidir focar na possibilidade que traz uma resposta emocional positiva, não estamos apenas criando uma nova realidade; estamos contribuindo para a construção dessa realidade. Estamos fazendo a nossa parte e permitindo que o universo faça a dele. Nosso corpo é um campo eletromagnético; o cérebro é elétrico, enquanto o coração é magnético. Quando pensamos, temos um poder de realização, mas quando sentimos, esse poder se multiplica por sete – um fato comprovado pela ciência.*

Saber disso é um passo importante, mas a verdadeira transformação vem da prática. Essa é a sabedoria que nos capacita a moldar nossa vida e a escolher o que queremos realmente viver. Nessa escolha encontramos a verdadeira liberdade.

Praticar esse ensinamento é, sem dúvida, um ato de amor próprio. Quando nos amamos de ver-

* MEIRELES, C. Há um pequeno cérebro em seu coração, garante cientista Gregg Braden. Metrópoles, 25 de dezembro de 2020. Disponível em: https://www.metropoles.com/colunas/claudia-meireles/ha-um-pequeno-cerebro--em-seu-coracao-garante-cientista-gregg-braden. Acesso em: 5 mar. 2025.

dade, fazemos a escolha consciente de nos identificarmos com pensamentos que nutrem nosso corpo e nossa alma, em vez de nos deixarmos levar por ideias que podem devastar nosso sistema imunológico e causar um colapso emocional. Esses pensamentos negativos não apenas estragam nosso dia e nossa semana, mas também minam nossa produtividade, prejudicam nosso sono e criam um estresse mental desnecessário, repleto de preocupações que, na maioria das vezes, nunca se concretizam.

Pense por um momento: todas as preocupações que invadiram sua mente diariamente realmente se tornaram realidade? Seja honesto consigo mesmo: quantas das milhares de ansiedades que lhe assolaram nos últimos anos se materializaram?

A resposta é clara: a maioria delas não aconteceu. Essa percepção é libertadora. Não temos controle sobre todas as circunstâncias da vida, e a necessidade de controlar tudo é uma armadilha da mente. Quando compreendemos essa verdade, tudo muda. Passamos a viver com mais leveza, permitindo que a vida flua sem o peso de preocupações desnecessárias. E, ao nos libertarmos dessa necessidade de controle, abrimos espaço para a verdadeira paz interior e bem-estar.

Este é o caminho para transformar nossa relação com o pensamento e, consequentemente, com a vida. A escolha é nossa, e essa escolha pode redefinir nosso destino.

Nosso padrão mental predominante é condicionado pelos nossos pensamentos e reações fisiológicas. Esses padrões geram uma frequência específica que, por sua vez, atrai situações semelhantes.

Você já ouviu alguém dizer: "Minha vida está uma porcaria" ou "Quanto mais eu rezo, mais assombração aparece"? Ou, ainda, quando recebe um dinheiro a mais, parece que sempre acontece algo que faz com que acabe gastando tudo?

A escala das emoções do Dr. David R. Hawkins, psiquiatra e PhD, nos ajuda a entender essa sincronicidade. Ele apresenta um modelo fascinante que mapeia as emoções humanas em uma hierarquia, conhecida como a Escala das Emoções. Esta escala não é apenas uma ferramenta teórica; é um guia prático que nos ajuda a entender como nossas emoções influenciam nossa vida e criam a nossa realidade.

No coração do trabalho de Hawkins está a premissa de que nossas emoções possuem diferentes níveis de vibração energética. No topo da escala, encontramos emoções elevadas, como amor, alegria e paz. Essas emoções são poderosas, pois não apenas nos conectam mais profundamente com nós mesmos e com os outros, mas também têm o potencial de transformar nossa realidade. Quando estamos em um estado elevado de emoção, atraímos experiências positivas e criativas.

Por outro lado, à medida que descemos na escala, encontramos emoções mais densas, como medo, raiva, culpa e vergonha. Essas emoções, embora naturais, têm uma vibração mais baixa e nos mantêm presos a padrões de pensamento e comportamento negativos. Hawkins nos lembra que, ao nos identificarmos com essas emoções, podemos nos sentir derrotados e limitados, criando uma realidade que reflete essa frequência negativa.

ÔMEGA		
	PADRÃO	FREQUÊNCIA (Hz)
EXPANDIDO	CONSCIÊNCIA FINAL	1000
EXPANDIDO	ILUMINAÇÃO	700 OU +
EXPANDIDO	PAZ	600
EXPANDIDO	ALEGRIA	540
EXPANDIDO	AMOR	500
	RAZÃO	400
	ACEITAÇÃO	350
	DISPOSIÇÃO	310
	NEUTRALIDADE	250
	CORAGEM	200
	ORGULHO	175
	RAIVA	150
	DESEJO (vício/ vontade egocêntrica)	125
CONTRAÍDO	MEDO	100
CONTRAÍDO	PESAR (dor, sofrimento, mágoa)	75
CONTRAÍDO	APATIA (inércia)	50
CONTRAÍDO	CULPA	30
CONTRAÍDO	VERGONHA	20
ALFA		

Figura 1 – Escala das emoções
Fonte: Hawkins (2018).

Na escala das emoções, as mais densas nos mantêm em um estado de contração, impedindo nossa evolução. As emoções situadas no meio da escala nos conduzem a uma neutralidade, enquanto as emoções mais elevadas nos impulsionam em direção ao crescimento. As curas começam a ocorrer a partir da frequência de 500 Hz. O objetivo da autoconsciência é fazer com que nada mais nos afete, permitindo que evoluamos e aumentemos nossa frequência. Esse processo ativa a Lei da Sincronicidade, fazendo com que atraiamos para nossa vida experiências e oportunidades que estão em harmonia com sua nossa nova frequência.

Muitas vezes, estamos vibrando em uma frequência de culpa, sentindo-nos culpados por algo que fizemos no passado. No entanto, é importante lembrar que a cada dia temos a oportunidade de renascer. Se você se perguntar se hoje faria a mesma coisa pela qual se sente culpado e a resposta for não, isso significa que a pessoa que cometeu aquele erro já não existe mais. Você já é outra pessoa, e por isso deve se perdoar.

Quando você se perdoa, eleva sua frequência e sai de uma vibração baixa. Existe uma cultura, tanto cristã quanto independente, que nos ensina que o sofrimento purifica. Por exemplo, a morte de Jesus na cruz simboliza essa purificação. Quando você se sente culpado, pode gerar sintomas no seu corpo, como dores ou doenças, como uma forma de se purificar e se absolver.

Ao entender todo esse processo, você se liberta da culpa e se abre para um renascimento em sua própria existência.

O que fazemos com nossas experiências molda como vivemos o presente. Podemos ter duas pessoas que enfrentaram as mesmas adversidades e experiências traumáticas que as marcaram. Uma delas encontra a força para superar, transformando dor em aprendizado e seguindo em frente com uma nova perspectiva. A outra, por outro lado, permanece presa no trauma, estagnada em um ciclo de dor que a impede de avançar na vida.

A chave para a verdadeira liberdade está na capacidade de reinterpretar o passado, de deixá-lo ir e de se ancorar no momento presente. É nesse espaço, no agora, que encontramos a possibilidade de cura e de renovação. A escolha de como vivemos nossas experiências é o que nos define e nos permite abraçar a vida com plenitude.

Vamos fazer um exercício simples, mas transformador. Comece a observar tudo o que está ao seu redor agora. Não importa onde você esteja – pode ser na sua sala, na rua ou em qualquer outro lugar. Concentre-se em cada detalhe. Olhe ao seu redor e nomeie, verbalmente, tudo o que vê. Permita que sua mente se ancore no presente.

Preste atenção na temperatura dos seus pés e das suas mãos. Sinta o gosto que está na sua boca. Observe sua respiração – ela está calma ou agitada? Sinta sua frequência cardíaca, percebendo

"A chave para a verdadeira liberdade está na capacidade de reinterpretar o passado, de deixá-lo ir e de se ancorar no momento presente. É nesse espaço, no agora, que encontramos a possibilidade de cura e de renovação."

cada batida. Agora, explore o que está acontecendo dentro do seu coração. Que emoção surge neste momento? Gratidão? Alegria? Raiva? Tristeza? Pergunte-se de onde vem esse sentimento: é fruto do agora, está ligado a uma lembrança do passado ou uma preocupação com o futuro?

Meu convite é que você comece a se observar, a se libertar do seu falso eu e a encontrar-se, dando lugar ao seu verdadeiro eu. Perceba que todas as sensações que experimenta em seu corpo têm raízes em estados mentais que podem levá-lo para longe do presente. Você pode se perder em seus pensamentos, afastando-se de si mesmo e deixando escapar o momento mais precioso que existe: a presença.

Deus se encontra no agora, e é nesse espaço que você pode encontrá-Lo. Ao se permitir estar plenamente presente, você descobre não apenas a beleza do momento, mas também a profundidade de sua própria essência. Desperte para a vida que está diante de você e abrace o aqui e agora.

Em minhas palestras, mentorias e sessões de terapia, sempre enfatizo um conceito fundamental: o afastamento do nosso verdadeiro eu – o D(eu)s que habita em nós. Quando nos distanciamos desse Eu divino, nos desconectamos de nossa essência, pois tudo é uma única manifestação da mesma energia universal. Compreender essa unificação é despertar para a consciência do imenso poder que reside dentro de nós.

Quando Jesus proclamou: "Vós sois deuses!" (João 10:34), Ele não fazia uma afirmação vazia, mas nos revelava uma verdade profunda: Deus é a inteligência suprema, a causa primária de todas as coisas. Se somos feitos à imagem e semelhança do Criador, isso implica que as qualidades divinas estão latentes em nosso espírito, esperando para serem despertadas.

Se um dos atributos de Deus é ser criador, e somos a imagem e semelhança de Deus, então nós, como cocriadores, temos a capacidade de moldar nossa realidade com a mesma força que Ele. Isso significa que podemos manifestar sonhos, transformar nossas vidas e construir um mundo que reflita nossa verdadeira essência.

Essa realização é mágica, é linda e é transformadora! Quando reconhecemos nosso poder interior, nos tornamos arquitetos da nossa própria existência. É hora de abraçar essa verdade e começar a criar a vida que sempre desejamos. O universo aguarda ansiosamente pela sua criação!

Muitos de nós crescemos conhecendo Deus por meio de representações, histórias e conceitos. Passamos horas discutindo sua essência, mas nunca vivenciamos uma conexão real com o Divino. Eu poderia falar sobre Deus por horas a fio, descrevê-lo detalhadamente, e você ainda assim poderia se sentir distante, sem entender verdadeiramente o que isso significa.

No entanto, tudo muda a partir do momento em que você realmente experimenta Deus. Essa experiência transcende palavras e conceitos; é um encontro íntimo que transforma sua percepção e sua vida. Quando você sente a presença do Divino, não há necessidade de explicações. A compreensão se torna visceral, e tudo o que você sabia se dissolve em um profundo sentimento de conexão e de amor.

Essa é a verdadeira essência da espiritualidade: não se trata de entender, mas de experimentar. Quando você se abre para essa possibilidade, sua vida pode ser iluminada de maneiras que você nunca imaginou. É hora de ir além das palavras e mergulhar na experiência transformadora de conhecer Deus de forma autêntica.

Neste momento, convido você a embarcar em uma jornada única de autoconhecimento e de espiritualidade. Vou guiá-lo por uma meditação especial chamada "Encontro com o Mestre Jesus Cristo". Se você estiver lendo, reserve um momento para se preparar. Leia atentamente as instruções e, em seguida, feche os olhos. Se estiver ouvindo o audiolivro, sinta-se à vontade para seguir a meditação enquanto escuta.

Agora, feche os olhos e respire profundamente. Sinta o ar entrando e saindo, trazendo tranquilidade. Comece a perceber um relaxamento se espalhar pela sola dos seus pés, subindo pelas pernas até o quadril. Deixe que essa sensação de calma flua pelo abdômen, pelo peito, pelos ombros, braços e mãos. Sinta o relaxamento se estender pela nuca, descendo suavemente por cada vértebra da coluna. Relaxe a mandíbula, permitindo que a boca fique ligeiramente entreaberta, enquanto a língua toca suavemente o céu da boca. Solte seus olhos, suas pálpebras e cada fio de cabelo na sua cabeça.

Agora, visualize-se caminhando em um lugar tranquilo e sereno. À medida que avança, você percebe uma presença se aproximando – uma entidade de luz, um ser iluminado. Quando Ele se aproxima, você o reconhece: é o Mestre Jesus Cristo. Ele olha profundamente em seus olhos e envolve você em um abraço caloroso e apertado. Com suas mãos sobre sua cabeça, Ele lhe transmite discernimento, coragem e fé. Ao tocar seu coração, Ele lhe concede sabedoria no agir e no sentir.

Neste momento, sinta uma onda de paz percorrendo todo o seu corpo. Você tem a oportunidade de fazer qualquer pergunta ao Mestre Jesus. A resposta virá a você de forma clara – como um pensamento, uma emoção ou uma sensação que brota do seu coração. Permita-se sentir tudo isso intensamente.

Se você não se identifica com a figura de Jesus, não se preocupe. Imagine um anjo ou um sábio interior que representa a sua busca. O que importa é a conexão que você estabelecer. Essa experiência transcendente é um convite para explorar sua própria divindade interior.

Lembre-se: somos seres intuitivos, dotados de uma sensibilidade incrível. Precisamos dessas experiências para encontrar sentido e propósito em nossas vidas. Abra-se para essa jornada e permita-se vivenciar o Divino.

À medida que nos distanciamos da nossa essência divina, nos perdemos nas labirínticas teias da mente. Essa desconexão nos leva a nos identificar cada vez mais com pensamentos, medos e inseguranças, obscurecendo a luz interior que nos guia. É nesse transe mental que esquecemos quem realmente somos, mergulhando em um mar de ilusões que nos afastam da nossa verdadeira natureza. Reconectar-se com o divino dentro de nós é o caminho para a libertação e a autodescoberta, um convite a redescobrir a magia que reside em nosso ser.

Quantas vezes você já se pegou sonhando com planos grandiosos, mas hesitou em colocá-los em prática? As ideias surgem como relâmpagos de inspiração, vindas da essência divina que habita em você. Esses momentos de clareza são verdadeiros lapsos de consciência, onde você se conecta com o seu eu mais profundo. No entanto, muitas vezes, essas ideias ficam estagnadas, sufocadas pela procrastinação causada pelo eu falso e pela voz da dúvida.

A mente pode ser uma armadilha. Ela sussurra que você não é capaz, que o que deseja é impossível ou, pior, que é muito difícil para você. E, em um piscar de olhos, você se vê desistindo, acreditando nas limitações que seu falso eu impõe. É uma pena porque, ao fazer isso, você renuncia aos seus talentos e dons mais sagrados.

Lembre-se das palavras de Jesus em Marcos 4:21: "Acende-se uma candeia para ser colocada em um candeeiro, e não debaixo da cama". Você não tem o direito de esconder seus dons, jamais! Você está aqui para brilhar, para servir, para fazer deste mundo um lugar melhor. Sua vida não se resume a acordar, trabalhar, adquirir bens materiais. Você veio para evoluir, para crescer e para deixar a sua marca.

Essa evolução começa com uma decisão. Quando você decide dar um passo em direção ao seu propósito, todo o universo se mobiliza ao seu redor, alinhando forças para apoiar sua intenção. O coração de Deus pulsa em sintonia com suas aspirações mais elevadas. Portanto, não hesite! Liberte-se das amarras da dúvida e permita que seus dons floresçam.

A vida que você deseja está te esperando e, para criar essa nova realidade, você deve se perguntar: "Como desejo ser reconhecido?", "Como gostaria que as pessoas me vissem?". Essas são perguntas profundas que podem desbloquear um novo nível de autoconhecimento. Para ajudá-lo nessa jornada, proponho um exercício prático e revelador.

Pegue seu celular e abra seus contatos do WhatsApp. Envie a seguinte mensagem para cerca de dez pessoas: "Olá! Preciso da sua ajuda. Estou fazendo um exercício de autoconhecimento e gostaria que você compartilhasse três qualidades que vê em mim e três pontos em que eu poderia melhorar".

Esse simples gesto pode proporcionar insights valiosos. Ao receber as respostas, analise-as com a mente aberta, despida de qualquer preconceito ou julgamento. Permita-se perceber como os outros enxergam você. Essa experiência pode ser incrivelmente transformadora, revelando não apenas suas forças, mas também as áreas em que pode crescer.

Para acessar o seu eu verdadeiro, é essencial desassociar-se do eu falso. Olhar para todas as coisas como se fosse a primeira vez. Lembra a primeira vez que você viu o mar? Permita-se olhar para o mundo com a mesma curiosidade de uma criança, redescobrindo as maravilhas ao seu redor. Mais do que isso, é crucial que você se perdoe por todo o tempo em que se deixou levar pelo vitimismo e pelo sofrimento, pela ilusão do seu EU FALSO.

Lembre-se: agimos sempre com o que sabemos. Oferecemos ao mundo apenas o que está dentro de nós. Até mesmo em nossos erros, estamos, na verdade, tentando acertar.

Este livro é um convite ao renascimento dentro da sua própria existência. Para isso, você precisa deixar para trás a velha forma de ser e abrir-se para o novo. Essa transformação exige consciência. Muitas vezes, essas verdades foram alimentadas pelo eu falso. Contudo, ao despertar a sua consciência, você se conectará ao seu eu verdadeiro – à essência de quem realmente é. Essa jornada é uma das experiências mais belas que você pode viver.

Prepare-se para essa transformação e para viver os sonhos que Deus sonhou para você.

CONCLUSÃO E AGRADECIMENTOS

Agora, tudo está mais claro para você. Finalmente você começou a entender os motivos que alimentaram tanto sofrimento em sua vida. Compreendeu como a mente funciona e como podemos utilizá-la a nosso favor por meio da poderosa ferramenta da imaginação ativa, focando seus pensamentos naquilo que você quer que aconteça e deixando de pensar nas coisas que você não quer que aconteçam.

Descobriu que nosso corpo, um complexo sistema neuroquímico, aprende por repetição. Para liberar uma nova neuroquímica e transformar sua vida, é essencial praticar técnicas como a respiração diafragmática, que desencadeia impressionantes 1.400 reações químicas, trazendo à tona os hormônios da felicidade.

Você descobriu que simplesmente pisar na grama e andar descalço, enquanto repete afirmações positivas, pode ser um poderoso catalisador para a transformação da sua realidade.

Você se tornou o arquiteto de si, aprendeu a escolher seus pensamentos, assim como escolhe as roupas para vestir e os alimentos para comer. Entendeu que a mente, muitas vezes, é um reflexo distorcido do seu verdadeiro eu. Agora, você reconhece que é a imagem e semelhança de Deus, sendo o criador da sua história.

Sugiro que você mergulhe neste livro, relendo-o tantas vezes quanto necessário. Decorar significa mais do que memorizar; é levar para o coração cada ensinamento. Eu mesma atravessei um longo caminho de erros e de acertos até chegar aqui. Foram mais de dez anos de estudo e uma busca incessante pelo autoconhecimento. Em minha trajetória de atendimentos clínicos, aprendi uma verdade extraordinária: quando aprendemos a amar, o mundo passa a ser nosso.

Quando realmente aprendemos a amar, o mundo se revela como nosso aliado, abrindo portas e criando possibilidades infinitas, onde o amor transforma tudo ao nosso redor, tornando cada experiência uma oportunidade de crescimento e de gratidão.

Nas minhas palestras, costumo compartilhar uma metáfora poderosa: a vida é como atravessar uma ponte. Ao longo dessa travessia, muitas pessoas começam a jornada ao nosso lado, mas nem sempre estarão conosco até o último dia. No entanto, sempre haverá alguém ao seu lado. Olhe para quem está ao seu lado agora, mas, mais importante ainda, olhe para dentro de si. É fundamental que você se torne o seu próprio melhor amigo. Pergunte-se: "O que um verdadeiro amigo faria por mim?".

Um bom amigo é aquele que nos anima nas horas tristes, que nos impulsiona diante dos desafios e que, quando necessário, nos puxa a orelha com amor e com sinceridade. Portanto, trate-se com a mesma compaixão e dedicação. Seja a voz encorajadora que você precisa, incentive-se a seguir em frente e abrace suas vulnerabilidades. Ame-se.

Quando amamos verdadeiramente, não julgamos nada e nem ninguém, muito menos a nós mesmos. Somos gratos por cada experiência, pois tudo é um aprendizado divino.

E em meio à correria da vida, muitas vezes esquecemos de um dos mandamentos mais profundos: "Amarás ao Senhor, teu Deus, sobre todas as coisas, e amarás o próximo como a ti mesmo". É curioso como, na busca incessante por agradar os outros, deixamos de lado a pessoa mais importante de todas: nós mesmos.

Pense bem: você realmente consegue sair de casa sem levar consigo a sua essência? É impossível tomar um banho sem estar presente em corpo e alma ou desfrutar de um café da manhã sem a sua própria companhia. A verdade é que precisamos nos tornar a melhor companhia para nós mesmos. Afinal, você estará consigo todos os dias da sua vida.

Você se convidaria para jantar?

Lembre-se: você só pode oferecer ao próximo aquilo que tem em abundância dentro de si. Por isso, é fundamental se nutrir de coisas boas. O que você alimenta em sua vida – seja no aspecto físico, mental ou espiritual – determina quem você é. Não adianta consumir alimentos saudáveis se, ao mesmo tempo, se enche de emoções negativas.

Cultive o amor-próprio. Invista no seu bem-estar. Afinal, quando você se torna a sua prioridade, você não só transforma a sua vida, mas também consegue impactar positivamente a vida daqueles que estão ao seu redor.

E quando as crises chegarem – e elas certamente chegarão – lembre-se de que cada desafio traz consigo uma oportunidade de crescimento. Em cada turbulência que enfrentamos existe um potencial inexplorado, uma pedagogia divina que nos convida a aprender e a evoluir.

A dor, muitas vezes temida, é na verdade um professor valioso. Cada sofrimento carrega consigo lições essenciais, e cada sintoma se torna um sinal de que há um caminho a ser trilhado para a cura. Ao abraçar essas experiências, podemos descobrir uma nova perspectiva sobre nós mesmos e sobre a vida.

Uma citação que carrego comigo todos os dias é: "Em tudo dai glória a Deus" (1 Tessalonicenses 5:18). E, mais uma vez, dou glória a Deus por este livro se concretizar, e por cada palavra inspirada por Ele. Agradeço à minha mãe por patrocinar essa publicação, acreditando em meu propósito de vida, e ao meu marido por seu apoio inabalável, por estar sempre ao meu lado, me amando incondicionalmente.

Por fim, quero expressar minha profunda gratidão a você, leitor. Obrigada por me acompanhar até aqui, por confiar em sua intuição e por se abrir a esta leitura transformadora. Que hoje não seja apenas mais um dia, mas sim o primeiro dia do resto da sua vida. Sua entrega e confiança são valiosas, e juntos estamos apenas começando uma jornada incrível.

Obrigada por estar aqui.

Quero concluir esse livro contando uma história que você deve guardar no seu coração. Certa vez, havia uma mulher de 82 anos que estava indo para uma casa de repouso. No corredor, enquanto se dirigia ao seu quarto, ela disse à enfermeira: "Eu amei as cortinas do meu quarto". A enfermeira respondeu: "Mas você ainda não conhece as cortinas do seu quarto".

Ela então explicou: "Amar é uma decisão que tomo assim que acordo, e eu decidi que vou amar as cortinas do meu quarto".

Eu gostaria que você levasse essa história consigo e se lembrasse dela todos os dias da sua vida. Ao acordar, decida amar tudo o que a vida lhe apresentar. Essa decisão pode ajudar a diminuir o sofrimento em sua vida e é um segredo para uma vida feliz e com paz interior.

E quando alguém lhe perguntar se está tudo bem com você, lembre-se: estar bem é estar em paz consigo e com tudo ao seu redor. O sucesso é apenas uma consequência desse relacionamento harmonioso. Este livro contém tudo o que você precisa para viver os sonhos de Deus em sua vida.

Carpe diem!

Espero encontrar com você nas redes sociais, onde poderemos interagir e compartilhar experiências. Juntos, vamos inspirar uns aos outros nesta jornada incrível. Venha comigo e vamos trilhar esse caminho de transformação!

Instagram: @adrianaeschmitt

YouTube: Adriana E Schmitt

Site: www.adrianaeschmitt.com.br

REFERÊNCIAS

CHOPRA, D. *As sete leis espirituais do sucesso*. Rio de Janeiro: BestSeller, 2019.

EPICTETO. *Discurso e manual*. Petrópolis: Vozes, 1996.

HAWKINS, D. R. *Poder vs. força*. Barueri, SP: Pandora Treinamentos, 2018.

JUNG, C. G. O *eu e o inconsciente*, v. 7/2. Petrópolis: Vozes, 2014.

JUNG. C. G. *Memórias, sonhos, reflexões*. Rio de Janeiro: Nova Fronteira, 1986.

NIETZSCHE, F. *Ecce homo*: como alguém se torna aquilo que é. Petrópolis: Vozes, 2022.

TOLLE, E. *O Poder do agora*: um guia para a iluminação espiritual. Rio de Janeiro: Sextante, 2000.